John Diamond · Der Körper lügt nicht

W0180757

John Diamond

Der Körper lügt nicht

Verlag für Angewandte Kinesiologie
Freiburg im Breisgau

Mein Dank gilt Dr. George Goodheart, der mich lehrte, daß der Körper nicht lügt.

Titel der amerikanischen Originalausgabe:
BK Behavioral Kinesiologie – Your Body doesn't Lie
© John Diamond, M. D., 1979

Die Deutsche Bibliothek – CIP-Einheitsaufnahme

Diamond, John:
Der Körper lügt nicht / John Diamond.
[Aus dem Amerikan. von Tibor Prekopp]. –
7. Aufl. – Freiburg im Breisgau:
Verl. für Angewandte Kinesiologie, 1991
Einheitssacht.: BK, behavioral kinesiology ‹dt.›
ISBN 3-924077-00-2

© Verlag für Angewandte Kinesiologie, Freiburg 1983
7. Auflage: 1991
Aus dem Amerikanischen von Tibor Prekopp
Umschlag: Hugo Waschkowski
Lektorat: Susanne Degendorfer, Helga Petres-Lesch
Gesamtherstellung: Rombach GmbH Druck- und Verlagshaus, Freiburg im Breisgau
Printed in Germany
ISBN 3-924077-00-2

Zum Autor

Dr. John Diamond promovierte „cum laude" 1957 an der „Sydney University Medical School" und erhielt den „Naughton-Manning-Preis für Psychiatrie". In Australien hatte er viele Lehraufträge für klinische Psychiatrie. Nach seiner Übersiedlung in die Vereinigten Staaten arbeitete er als behandelnder Psychiater am „Beth Israel Medical Center" in New York und war Professor für Psychiatrie an der „Mount Sinai Medical School", ebenfalls in New York. Dr. Diamond ist Mitglied des „Royal Australian and New Zealand College of Psychiatrists" und des „Royal College of Psychiatry" in Großbritannien.

In den letzten Jahren hat Dr. Diamond seinen Praxisbereich erweitert und die präventive Medizin miteinbezogen. Er war früher Präsident der „Internationalen Akademie für präventive Medizin".

Während seiner mehr als zwanzigjährigen Tätigkeit als Mediziner hat Dr. Diamond auf nationaler und internationaler Ebene zahlreiche Vorlesungen vor Berufsorganisationen abgehalten. Zur Zeit betreibt er im Institut für Behaviorale Kinesiologie in Valley Cottage, New York, seine Forschung und lehrt die Theorien und praktischen Anwendungsmöglichkeiten der Behavioralen Kinesiologie.

Dank

Ich möchte allen meinen Lehrern, den heutigen wie den alten, die mich in der präventiven Medizin, der Psychiatrie, den Geisteswissenschaften und der Angewandten Kinesiologie unterrichten, danken. Und natürlich ein herzliches Dankeschön an meine bedeutendsten Lehrer, an meine Studenten und Patienten. Dank gilt auch den Mitgliedern der „Internationalen Akademie für präventive Medizin".

Ich möchte meine Dankbarkeit gegenüber Victoria Galban für ihre erfreuliche und selbstlose Hilfe ausdrücken. Für seinen beharrlichen Wunsch, viele der Illustrationen in diesem Buch zu perfektionieren, bin ich Joe Gould zu besonderem Dank verpflichtet. Dank gebührt Jim Kalett für seine ausgezeichneten Abbildungen der BK-Tests, Virginia Rohan für ihre hilfreiche Mitarbeit und Christina Wilton, meiner Lehrerin in der Alexander-Technik, für ihre Inspiration und Geduld beim Unterrichten.

Dank gilt Jeanne Flagg, meinem Herausgeber, für die freundlichen Ratschläge beim Verfassen dieses Buches. Und ein Dankeschön an Irv Levey, den Direktor der „Barnes & Noble Books", für seine Begeisterung und sein Vertrauen.

Tiefste Dankbarkeit empfinde ich für meine Frau Betty für ihre Hingabe an meine Arbeit und an dieses Buch; ohne sie hätte es nie geschrieben werden können. Ihr gebührt mehr Dank, als ich ausdrücken kann.

Dr. med. John Diamond, Juli 1978

Inhalt

Einführung

Bevor Sie dieses Buch lesen, bitten Sie einen Freund oder ein Mitglied Ihrer Familie, sich als Testperson zur Verfügung zu stellen, und führen folgenden Test durch:

1. Die Testperson steht aufrecht, der rechte Arm hängt entspannt an der Seite herunter, der linke Arm wird mit gestrecktem Ellbogen parallel zum Boden gehalten (siehe Abbildung 1).
2. Stellen Sie sich vor die Testperson und legen Sie Ihre linke Hand zur Stabilisierung auf die rechte Schulter der Testperson. Legen Sie die rechte Hand auf den ausgestreckten linken Arm, genau oberhalb des Handgelenks.
3. Sagen Sie der Testperson, daß Sie versuchen werden, den Arm herunterzudrücken, während sie mit aller Kraft Widerstand leisten soll.
4. Drücken Sie den Arm ziemlich rasch und fest, jedoch nicht ruckartig herunter. Es kommt darauf an, gerade so fest zu drücken, um das Sperren des Armes der Testperson feststellen zu können, nicht so stark, daß der Muskel ermüdet. Es kommt nicht darauf an, wer stärker ist, sondern ob der Muskel innerhalb der ersten 5 cm des Testradius das Schultergelenk gegen den Druck verschließen kann. Es ist dann etwa ähnlich einem Scharnier, das einrastet. Der Druck beim Testen darf nur ca. 3 Sekunden lang ausgeübt werden. Bei längerem Drücken

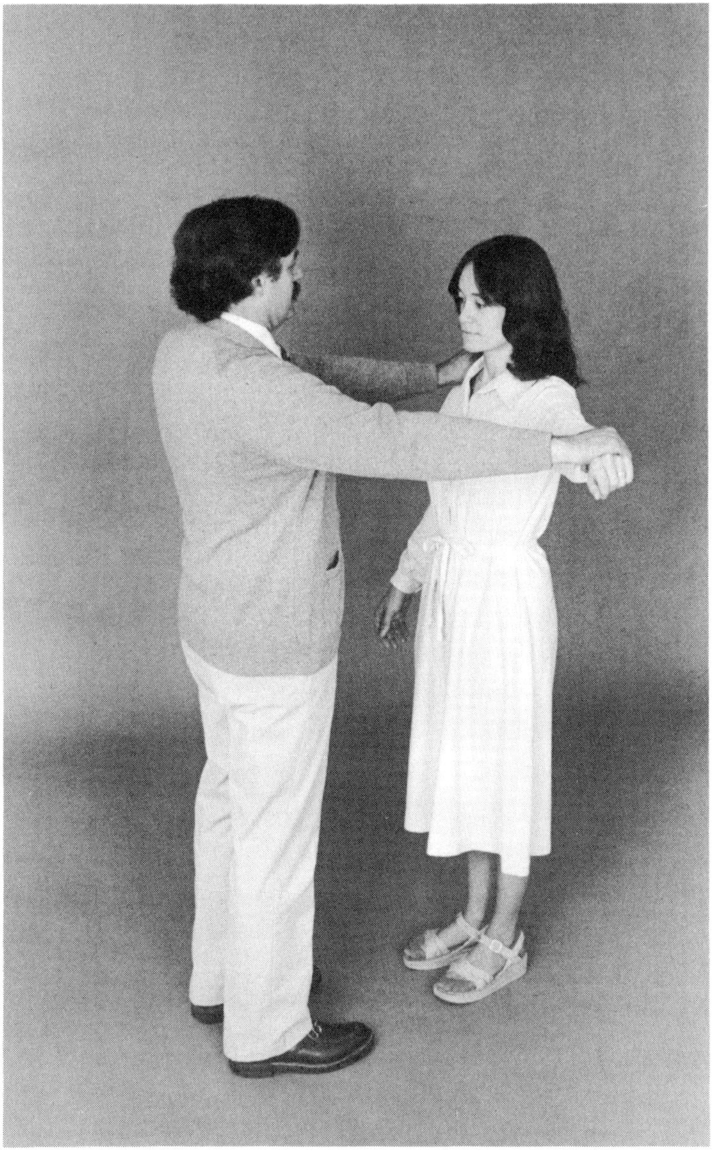

Abb. 1: Das Testen des Deltamuskels

wird jeder Muskel müde, und Sie bekommen ein falsches Testergebnis.

Konnte die Testperson dem Druck widerstehen? Fast immer ist dies der Fall; der Arm bleibt ausgestreckt.

Führen Sie dann den Test noch einmal durch, während die Testperson eine der folgenden Tätigkeiten ausübt:

- Sie ißt etwas raffinierten Zucker.
- Sie hört Pop-Musik wie z.B. die Hits „Stayin' Alive" von den Bee Gees oder „Southern Nights" von Glen Campell.
- Sie legt ein Stück Plastik auf den Kopf (eine Plastikeinkaufstüte reicht vollkommen).
- Sie blickt in fluoreszierendes Licht.
- Sie denkt an eine unangenehme Situation.

Das Ergebnis des Tests wird Sie überraschen. Nur selten gelingt es der Testperson, dem Druck zu widerstehen; der Arm läßt sich fast immer ganz herunterdrücken.

Wie ist das möglich? Obwohl der Testende den gleichen Druck ausübte wie zuvor, ist der Arm plötzlich schwach geworden. Es ist eine Entweder-Oder-Situation: Entweder der Arm gibt nach oder er gibt nicht nach.

Was ist eigentlich passiert? Irgendwie haben der raffinierte Zucker oder die Musik oder die anderen Einflüsse den Armmuskel zeitweilig geschwächt. Derselbe Effekt würde bei jedem anderen Körpermuskel auftreten. (Wir verwenden diesen speziellen Muskel, den Deltamuskel, da er leicht zu testen ist.) Offensichtlich war die Energieversorgung im Körper während des Tests gestört. Die Frage, warum sie gestört war und was wir daraus lernen können, ist das Thema dieses Buches.

Vorwort

Dr. John Diamond hat die präventive Medizin revolutioniert. Seine holistische (ganzheitliche) Betrachtungsweise des Individuums ist so gründlich, daß kein Stimulus, kein Einfluß ungeprüft bleibt. Als Präsident der „Internationalen Akademie für präventive Medizin" hatte ich die Gelegenheit, die Vielfalt und Tiefe der Anwendungsmöglichkeiten der Behavioralen Kinesiologie kennenzulernen. Als Philosophie und als integrierte Wissenschaft umfaßt die Behaviorale Kinesiologie alle Heilkünste und ist in solch unterschiedliche Bereiche wie psychosomatische Medizin, Allergologie, Akupunktur, Psychiatrie, Sport, Ernährung, Zahnmedizin, Orthopädie usw. eingegliedert worden.

BK hat mein persönliches Leben zutiefst verändert und außerdem zu erfreulichen Veränderungen in meiner Arbeit als Zahnarzt geführt. Niemand muß an das Gefühl der Angst erinnert werden, das jeden Zahnarztbesuch begleitet. Der Zahnarzt muß sich aber nicht nur um das Unbehagen seiner Patienten kümmern, sondern auch um seine eigene Arbeit, eine komplizierte Arbeit, die auf engstem Raum ausgeführt werden muß. Diese Belastungen fordern ihren Tribut. Der Berufsstand der Zahnärzte weist eine der höchsten Scheidungs- und Selbstmordraten auf.

Die letzten Jahre sind für mich jedoch anders gewesen. Dr. Diamond hat uns Vertretern der Heilkunst gezeigt, wie wir unsere Energien und die der Patienten „zentrieren“ können. Er hat Ärzte, Assistenten und Patienten vom Streß befreit. Seitdem ich seine Techniken in meine Arbeit integriert habe, verlaufen die Behandlungen ruhig, ohne Angst und Sorge. Und ich werde mit mehr Energie, weniger Streß und vor allem mit einem neuen Gefühl des Wohlbefindens belohnt.

BK hat auch viele psychiatrische Praxen und sogar psychiatrische Kliniken revolutioniert. Dr. David Hawkins, medizinischer Direktor des „North Nassau Mental Health Center“ und Präsident der „Amerikanischen Akademie für orthomolekulare Psychiatrie“, hat einmal gesagt, daß die Prinzipien der BK es ihm ermöglicht haben, ganze psychiatrische Stationen umzugestalten. Dr. Alan Shifman Charles, Direktor der „Akademie für orientalische Medizin“, sieht in der Behavioralen Kinesiologie „die erste reine Methode, die Krankheit in ihrer Komplexität zu verstehen und zu erkennen“, eine Methode, die komplizierte und teure Geräte überflüssig macht. Dr. Edgar Miller, ein prominenter Orthopäde aus Concord, Massachusetts, beurteilt Dr. Diamonds Werk als „eine reiche Quelle neuer Ideen, die nicht nur informieren, sondern als Ganzes auf eigenartige Weise ein bedeutendes Lehrwerkzeug für die heilenden Künste ergeben“. „Die Behaviorale Kinesiologie“, sagt er weiter, „hat mich zu einem viel größeren Verständnis der zahllosen Kräfte, die die für die Gesundheit so bedeutende Harmonie zerstören, geführt und mir gezeigt, wie man ihre Wirkungen feststellt. Unter Dr. Diamonds engagierter und unermüdlicher Leitung hat uns die Behaviorale Kinesiologie ein Stück weiter in Richtung Realisierung unseres höchsten Potentials gebracht."

Die Anwendungsmöglichkeiten sind nicht auf die Heilberufe beschränkt. Viele Musiker z. B. haben erstaunliche Vorteile entdeckt. So schrieb John Buttrick vom „Massachusetts Institute of Technology", ein bekannter Musikprofessor, daß die BK-Prinzipien „ihm eine neue Beherrschung der physischen Reserven, des Aufführungsstresses und des künstlerischen Ausdrucksmittels geben". Auch Sporttreibende können viele vorteilhafte Anwendungsmöglichkeiten entdecken. Jeff Wilcox vom „Sports Training Institute" in New York empfiehlt die Behaviorale Kinesiologie enthusiastisch als Teil eines Ganzkörper-Fitneßprogramms, und dabei haben wir die Möglichkeiten im Sport nur oberflächlich berührt.

Für den Kustos des „Metropolitan Museum of Art" hat die Behaviorale Kinesiologie viele neue Perspektiven auf dem gesamten Gebiet der Kunst – der Malerei, der Bildhauerei und der Architektur – eröffnet. „Mein dadurch gewonnenes Verständnis für die Kunst, den künstlerischen kreativen Impuls und die ästhetische Kritik ist von unschätzbarem Wert."

Eine der vielen bedeutenden Anwendungsmöglichkeiten der Behavioralen Kinesiologie im Alltagsleben bietet der Bereich der Ernährung. Viele prominente Ernährungswissenschaftler sehen in der Behavioralen Kinesiologie ein wertvolles

Werkzeug zur Feststellung der Wirkungen verschiedener Nahrungsmittel. Beatrice Trum Hunter, die Autorin des Buches *The Great Nutrition Rob*, schreibt, daß „John Diamonds wertvolle Beiträge auf dem Gebiet der Behavioralen Kinesiologie sowohl dem Fachmann als auch dem Laien neue, aufregende Anwendungsmöglichkeiten in einer Vielzahl von Bereichen bieten, die sich mit der Wiederherstellung und Aufrechterhaltung der Gesundheit sowie der präventiven Medizin befassen". Ein anderer bekannter Ernährungswissenschaftler, Dr. Hans Kugler, Autor des Buches *Your First 100 Years of Health*, lobt Dr. Diamonds Seminare, die er im ganzen Land abhält. „Dr. Diamond engagiert sich mit einer solchen Begeisterung, wie es nur jemand machen kann, der weiß, daß das, was er sagt, etwas wirklich Neues und Aufregendes ist."

Ich habe hier nur einige der Anwendungsmöglichkeiten der Behavioralen Kinesiologie erwähnt. Dr. Diamonds Fähigkeiten und sein stark ausgeprägter Wunsch, seinen Mitmenschen zu helfen, haben es ihm ermöglicht, uns bedeutende Einsichten über uns und andere zu vermitteln. Seine brillant durchdachte neue Lehre wird Ihr Leben ebenso verändern, wie sie mein Leben verändert hat. Allein seine Arbeit über die Thymusdrüse ist ein wertvoller Beitrag, an den man sich über Generationen erinnern wird.

BK ist der erste Schritt zur Prävention. Sie prüfen Ihren Körper auf der Energieebene, lange bevor sich körperliche Probleme entwickeln. Sie sehen Ihren Lebensstil, die Einflüsse in Ihrer Umgebung, Ihre Einstellungen in einem neuen Licht und schenken ihnen mehr Aufmerksamkeit. Sie werden Dinge tun, nicht um Krankheit zu verhindern, sondern um die Gesundheit zu verbessern. Nach Dr. Diamond ist das Endziel der Behavioralen Kinesiologie das Erreichen völliger Gesundheit – die Erhöhung des Energieniveaus, die Begeisterung und die Kraft, die aus wahrem Wohlbefinden resultieren. In dieser Hinsicht ist die Behaviorale Kinesiologie die Hoffnung für die Zukunft.

Dr. Jerome Mittleman,
Facharzt für Kieferchirurgie,
früherer Präsident der „Internationalen
Akademie für präventive Medizin".

„Do not inflate plain things into marvels, but reduce marvels to plain things."
(Mache aus einfachen Dingen keine Wunder, sondern reduziere Wunder zu einfachen Dingen.)

Bacon

„These assertions I make deliberately, after careful weighing and consideration, in no spirit of dispute or momentary zeal; but from strong and convinced feeling, and with a consciousness of being able to prove them."
(Diese Behauptungen stelle ich absichtlich auf, nach sorgfältigem Abwägen und sorgfältiger Überlegung, nicht im Geiste der Auseinandersetzung oder des momentanen Eifers, sondern aus einem starken Gefühl der Überzeugung und mit dem Bewußtsein, daß ich sie beweisen kann.)

John Ruskin

Der Körper lügt nicht

1. Einleitung

„Every man, woman and child holds the possibility of physical perfection: it rests with each of us to attain it by personal understanding and effort.“
(Jeder Mann, jede Frau und jedes Kind hat die Möglichkeit physischer Vollkommenheit; es liegt an jedem selbst, sie durch persönliches Verständnis und Anstrengung zu erreichen.)

F. M. Alexander

Beobachten Sie einmal an einer belebten Straßenkreuzung die Menschen. Gehen sie aufrecht und stolz, mit einem Federn in ihren Schritten, einem Ausdruck von Aufgewecktheit in ihren Gesichtern und Rhythmus in ihren Bewegungen? Oder kämpfen sie sich mit gesenktem Kopf, gebeugten Schultern und eingefallener Brust vorwärts? Ich glaube, daß die meisten wie Gefangene dieser Erde wirken; sie scheinen zu stark von der Schwerkraft festgehalten zu werden, als daß die Freude über ihre Existenz sich in einem federnden Gang Ausdruck verschaffen könnte. Wenn wir ein Tier sehen, das sich nicht aufrecht, stolz und voller Lebenskraft bewegt, kommt uns gleich der Gedanke, daß etwas nicht stimmt. Die müden und deprimierten Leute auf der Straße kümmern uns jedoch nicht. Was wir beim Tier als ungesund bezeichnen, sehen wir beim Menschen schon fast als normal an. Es ist aber nicht normal, entspricht jedoch dem Durchschnitt. Sehen wir jemanden voller Energie und Lebenskraft über die Straße gehen, so drehen wir uns um und starren ihn an, als wäre er eine Rarität. Dabei sollte das der normale Zustand sein.

So wie eine zusammengefallene Körperhaltung und ein freudloser Gesichtsausdruck nicht normal sind, so ist es auch nicht normal, krank zu sein oder an einer chronischen Krankheit zu sterben. Die meisten Männer in unserer Gesellschaft rechnen damit, früher oder später einen Herzanfall zu bekommen; viele von uns befürchten, daß sie Krebs bekommen oder, falls sie dieser schrecklichen Krankheit entgehen können, das Opfer von Rheuma, Diabetes, Blindheit oder einem ernsten geistigen Schaden zu werden. Das muß aber nicht sein. Unter den langlebigen Bewohnern des Hochlands im südlichen Ecuador gibt es diese Krankheiten nur selten. Sie leiden weder an Rheuma, noch verlieren sie ihr Augenlicht. David Davies, der einige Zeit mit diesen bemerkenswerten Leuten verbrachte, stellte fest, daß sie schlank und agil sind, einen klaren Verstand aufweisen und voller Lebensfreude sind. „Wenn man hinter einem Mann ging, konnte man erst, wenn man ihn eingeholt hatte, sagen, ob er 40 oder 120 Jahre alt war. Die Art des Gangs verriet nichts. In ihren Bewegungen gab es etwas Dynamisches, sogar Tigerhaftes.“[1]

Wahrscheinlich werden wir die schlichte Ernährung, den einfachen Lebensstil und die hohe Aktivität dieser Andenbewohner nicht auf uns übertragen können, aber wir können viel tun, um chronische Krankheiten zu verhindern. Ich bin zu der Überzeugung gekommen, daß vor dem Beginn der

Krankheit ein Problem auf der Energieebene vorliegt. Das Problem kann schon viele Jahre lang existieren, bevor es seinen Ausdruck in körperlicher Krankheit findet. Es scheint, daß eine allgemeine Schwächung der Körperenergie zu einem Energieungleichgewicht in bestimmten Körperteilen führt. Wenn wir uns dieser Unausgeglichenheit bei ihrem ersten Auftreten bewußt werden, haben wir genügend Zeit, sie zu korrigieren. Wir praktizieren dann primäre Prävention (Vorbeugung).

In der heutigen Zeit dominiert die sekundäre Prävention. „Ich habe einen Herzanfall gehabt, schützen Sie mich vor einem zweiten." „Ich habe ein Geschwür; verhindern Sie, daß es schlimmer wird." Bei primärer Prävention liegt das Problem noch auf der Energieebene, es gibt keine große pathologische Veränderung. Deshalb können wir erwarten, daß wir nach Beseitigung der Energieunausgeglichenheit den Normalzustand wiedererlangen. Wenn wir primäre Prävention ausüben, werden wir leben, wie wir es erwarten, älter werden, wie wir es erwarten, und sterben, wie wir es erwarten; wir werden nicht ständig von Krankheiten befallen werden, unsere Vitalität und unseren Lebenswillen verlieren und schließlich den unwürdigen Tod im gefühlskalten Krankenhaus sterben. Wie die Hundertjährigen in den Anden und im Kaukasus werden wir hart arbeiten, einfache Annehmlichkeiten des Lebens entdecken, unser ganzes Leben lang frei von Krankheiten sein und allmählich älter und langsamer werden, bis wir eines Tages entschlafen.

„Er hieß, als er am Ende seines einhundertundersten Jahres stand,
Gräber und Zimmermänner Grab und Sarg machen;
Sah, daß das Grab tief war,
Der Sarg solide,
Ließ die Generationen seines Hauses kommen,
Legte sich in den Sarg, hielt den Atem an
Und starb.“[2]

Ich habe die Psychiatrie immer als eine Form von präventiver Medizin angesehen. Wenn psychischer Streß gelindert wird, können sich physische Krankheiten nicht so schnell entwickeln. Bevor ich jedoch eine wirklich effektive Methode primärer Prävention für meine Patienten entwickeln konnte, hatte ich schon viele Jahre lang als Psychiater gearbeitet. Zu Beginn meines Medizinalpraktikums erkannte ich, daß die meisten meiner Patienten lediglich den Wunsch hatten, von den ihnen Schwierigkeiten bereitenden Symptomen wie Schmerzen, Humpeln usw. befreit zu werden, nur um sich dann ihren krankmachenden Gewohnheiten wieder zuwenden zu können. Nur wenige schienen wirklich Verlangen nach Veränderung und Wohlbefinden zu haben. Diese bittere Enttäuschung erlebte ich Tag für Tag.

Ich erinnere mich an den traurigen Fall einer sehr attraktiven, ungefähr vierzig Jahre alten Frau, die früher Stewardeß war. Sie war mit einem schon dreimal geschiedenen Geschäftsführer verheiratet und wurde von ihm wie ein Schmuckstück behandelt. Ihre Aufgabe war es, schön, höflich und eine perfekte Gastgeberin zu sein; ihre eigenen Wünsche und Rechte durfte sie nicht zum Ausdruck bringen. Während sie mit diesem Mann verheiratet war, wurde sie von einer psychosomatischen Krankheit nach der anderen befallen. Bevor sie zu mir kam, war sie schon bei zahlreichen Psychiatern gewesen. Ich versuchte oft, über ihre erniedrigende Rolle und ihre Selbst-Herabsetzung zu sprechen, aber jedes Mal brach sie das Gespräch ab. Sie wollte sich einfach nicht damit auseinandersetzen. Schließlich berichtete sie ihrem Ehemann von meinen Versuchen. Natürlich nahm er sie sofort aus der Therapie. Das nächste, was ich von ihr hörte, war, daß sie eine Elektroschocktherapie gegen Depressionen erhielt und daß sie monatelang im Krankenhaus lag.

Trotz solch entmutigender Fälle erlebte ich in all den Jahren meiner Tätigkeit unter Tausenden von Patienten nur einen Selbstmordfall. Mir war klar, daß nicht meine Fähigkeit als Psychiater die Patienten am Leben hielt. Ich erzielte nicht mehr Heilungen als andere Psychiater auch. Es war etwas anderes. Ich investierte eine ganze Menge von mir selbst in die Patienten; es war meine Tätigkeit, meine Energie; die diese Leute genesen ließ, nicht irgendwelche Veränderungen in ihnen. Im Grunde genommen hatten sie sich nicht geändert, sondern waren nur von mir aufgerichtet worden.

Ohne Frage spielte ich bei meinen Patienten mit psychosomatischen Krankheiten die Rolle einer

Glucke. Indem ich sie unter meine Fittiche nahm, konnte ich dazu beitragen, destruktive oder günstigstenfalls letztlich unangebrachte Behandlungsmethoden zu verhindern. Wußte z. B. der Gynäkologe, daß seine Patientin auch bei mir, dem Psychiater, in Behandlung war, so zog er eine Hysterektomie (Gebärmutterentfernung) nicht so schnell in Erwägung. Wußte der Facharzt für Allergologie erst einmal, daß auch ich seinen Patienten behandelte, ging er davon aus, die Dosis der Medikation gegen Asthma herabsetzen zu können. Was ich im wahrsten Sinne des Wortes machte, war, daß ich Zeit für den Patienten gewann – Zeit, in der er selbst einige Dinge klären konnte.

Aber wie sollte ich den Patienten die Verantwortung für ihr Wohlbefinden zurückgeben? Ich konnte mit ihnen sprechen, konnte ihnen das Ausmaß, in dem die Beziehungen zu anderen Leuten sie beeinflußten, aufzeigen und helfen, es einzuschätzen. Aber ich konnte ihnen nie klarmachen, daß eigentlich sie allein für ihr Wohlbefinden verantwortlich sind.

Obwohl sie von mir abhängig waren, schienen einige Patienten ihre Probleme doch besser zu verstehen. Bald bemerkte ich jedoch etwas Sonderbares: Je länger sie sich in der Therapie befanden, desto depressiver und schwächer wurden sie. Sogar ich wurde depressiv und müde. Ich erinnere mich gut daran, wie ich mich auf meinen Stuhl fallen ließ und von Stunde zu Stunde tiefer sank; wie ich vergeblich immer mehr Kaffee trank und immer mehr Zucker aß, um neue Energie zu gewinnen. Die Wahrheit war unausweichlich: Ich vermittelte meinen Patienten zwar mehr Verständnis und mehr Wissen, aber irgendwie verbrauchte ich dabei ihre und meine Energie. Ich wußte, daß ich so nicht weitermachen konnte, aber eine neue Idee kam mir auch nicht.

Nach monatelanger Überlegung entschloß ich mich zu einem neuen Problemansatz. Ich wollte psychische Probleme nicht mehr als solche, sondern in Beziehung zu physischen Bedingungen behandeln. Ich wollte präventive Medizin praktizieren, d.h. Lebensenergien im Patienten wecken, um Krankheiten, sobald sie sich andeuteten, zu heilen oder besser noch, sie überhaupt zu verhindern. Ein ganz neues Behandlungsgebiet tat sich auf. Ich interessierte mich für Ernährung und natürliche Zusätze und begann, die medizinische und psychiatrische Behandlung neu, nämlich in Hinsicht auf die Körperenergie, zu beurteilen. Ebenso überprüfte ich verschiedene Arten von Körper- und Haltungstherapien. Ich dachte, ich könnte meine Patienten nun viel umfassender als je zuvor behandeln. Ich war aus dem eher engen Rahmen der Psychiatrie herausgetreten und hatte ein Gebiet entdeckt, das man als eine Art von allgemein vorbeugender, energieweckender Verfahrensweise bezeichnen kann.

Bald jedoch erkannte ich die Grenzen meines Ansatzes. Ich arbeitete in einem zu allgemeinen Rahmen; ich mußte mich auf *jenen* Körper konzentrieren. Ich mußte herausfinden, was *jener* Körper brauchte.

Die Lösung kam ganz unerwartet. Ein Freund, den ich zufällig traf, berichtete mir von einer Vorlesung, in der Muskeltestverfahren vorgestellt wurden. Obwohl ich noch nie zuvor davon gehört hatte, hatte ich das Gefühl, daß diese Testverfahren genau das waren, was ich suchte. Der Dozent war Dr. George Goodheart, der Begründer des Spezialgebietes „Angewandte Kinesiologie", zu dem ich sofort Kontakt aufnahm. Es war der Beginn einer festen Freundschaft und einer engen Zusammenarbeit. Dr. Goodheart hatte schon seit ungefähr fünfzehn Jahren auf dem Gebiet der Angewandten Kinesiologie gearbeitet und hatte herausgefunden, daß jeder große Muskel mit einem Körperorgan in Verbindung steht und daß die Schwäche eines Muskels gewöhnlich ein Energieproblem in dem zugeordneten Organ anzeigt. Indem er den Muskel mit verschiedenen Methoden behandelte und ihn stärkte, gelang es ihm, auch das Funktionieren des Organs zu verbessern.

Mit der Zeit hatte Dr. Goodheart erstaunliche Ergebnisse mit weitreichenden Auswirkungen erzielt. Zum ersten Mal war auch die Ernährung von großer Bedeutung. Gab man einem Patienten ein bestimmtes Nahrungsmittel und wurde ein schwacher Muskel stark, war es das richtige für diesen Patienten; blieb der Muskel schwach, war es nicht angebracht. Auf ähnliche Weise konnten auch andere Behandlungsmethoden beurteilt werden. Mit der Angewandten Kinesiologie besaßen die Ärzte ein wirklich nützliches therapeutisches Werkzeug, ein körpereigenes Feedbacksystem. Bei richtiger

Behandlung antwortete der Körper sofort, als wenn er „sagen“ wollte: „Ja, genau das brauche ich.“

Ich war von Dr. Goodhearts bedeutender, neuer Methode begeistert und studierte eingehend seine Ergebnisse, bevor ich sie meiner Verfahrensweise anpaßte. Goodhearts Techniken beinhalteten ein hohes Maß an physischer Manipulation und waren für Patienten mit spezifischen physischen Problemen besser geeignet als solche, die eine eher ganzheitliche Behandlung benötigten. Meine Patienten fielen unter die letztere Kategorie.

Ich praktizierte nun wirklich demokratische Medizin. Nicht ich in meiner „großen und erhabenen“ Stellung als Arzt oder das noch erhabenere Lehrbuch bestimmten, was getan werden sollte, sondern allein der Körper des Patienten, und wenn ich das Richtige tat, teilte es mir der Körper mit. Die Reaktion des Patienten bestimmte die Behandlung.

Vor allem war ich nun in der Lage, meinen Patienten die Verantwortung für ihr Wohlbefinden zurückzugeben. Anstatt sich demütig meiner Behandlung zu unterwerfen, waren sie nun genauso verantwortlich. Außerdem sahen sie sich in einem neuen Licht. Einsicht zu gewinnen ist eine emotionale Erfahrung, und kinesiologisches Testen ist eine emotionale Erfahrung. Es ist ein Aha-Erlebnis, und nur durch diese Art von Erfahrung kann man zum plötzlichen Erkennen von Wahrheiten gelangen.

Meine eigene Forschung und praktische Tätigkeit führte mit der Zeit zu einer gesonderten, aber verwandten Disziplin der Behavioralen Kinesiologie (BK), einer Integration von Psychiatrie, psychosomatischer Medizin, Kinesiologie, präventiver Medizin und den Geisteswissenschaften. Den Höhepunkt stellt dieses Buch dar, das bis auf einige Ausnahmen meine eigenen Forschungsergebnisse enthält.

Die Behaviorale Kinesiologie bedient sich der gleichen Testmethoden, die auch der Angewandten Kinesiologie zugrunde liegen, konzentriert sich jedoch mehr auf die Faktoren der Umwelt des Patienten und seines Lebensstils, da diese auf die Körperenergien stärkend oder schwächend einwirken. Viele Faktoren, die schwächend wirken, sind Produkte der technologischen Revolution: die Giftstoffe und der Krach unserer Umwelt, die raffinierten und unnatürlichen Lebensmittel in unseren Supermärkten, die synthetischen Stoffe unserer Kleidung. Andere Faktoren sind individuelle Gewohnheiten oder Charakteristika wie z.B. die Körperhaltung, die Fähigkeit, mit Streß umzugehen, oder zwischenmenschliche Beziehungen. Im folgenden werde ich zeigen, wie man den Grad des Ausmaßes bestimmt, mit dem verschiedene Faktoren unserer Umwelt und unseres Lebensstils die Körperenergie beeinflussen. Viele energieerneuernde Aktivitäten, die die energieschwächenden ersetzen sollen, werden aufgeführt, außerdem Vorschläge, wie man die schwächenden Faktoren, die nicht völlig eliminiert werden können, verändern – oder ihnen entgegenwirken kann. Voraussetzung ist jedoch, daß man die Bedeutung der

Thymusdrüse im kinesiologischen Test und ihren Bezug zur Körperenergie, zu unserer Lebensenergie, kennt.

2. Der mysteriöse Thymus

„Has it yet fallen to the lot of any writer upon the thymus to write the truth and be believed?"

(Ist es einem Schreiber je passiert, daß er über den Thymus die Wahrheit schrieb und ihm geglaubt wurde?)

Beard, 1902

Die Thymusdrüse befindet sich in der Mitte der Brust, genau hinter dem oberen Teil des Brustbeins. Alle Säugetiere besitzen sie; bei Kälbern wird sie Bries genannt. Über diese Drüse lagen bis zu den fünfziger Jahren wenig Kenntnisse vor, obwohl es seit vielen Jahren Ansätze zu einem Verständnis ihrer Funktion gegeben hatte. Schon im Jahre 1902 verwendete der Londoner Arzt Foulerton Thymusextrakte bei der Behandlung von Krebs. Generell sprach man jedoch dem Thymus beim Erwachsenen jede Funktion ab. Dieser Irrglaube wurde durch die Tatsache, daß man sie bei Autopsien gewöhnlich ziemlich klein und atrophiert vorfand, genährt. Der Grund für die Atrophie (Schrumpfung) liegt darin, daß die Thymusdrüse bei akutem Streß wie z. B. einer Infektion innerhalb von 24 Stunden um die Hälfte schrumpfen kann. Es ist also nicht verwunderlich, daß man sie bei Obduktionen in atrophiertem Zustand vorfand.

Dadurch, daß man aus Obduktionsergebnissen Rückschlüsse auf die Größe der Thymusdrüse zog, kam es in der Zeit von den zwanziger bis zu den vierziger Jahren zu fatalen Fehldiagnosen bei

Erkrankungen von Kindern: Routineobduktionen hatten gezeigt, daß Kinder größere Thymusdrüsen als Erwachsene hatten. Ergaben jedoch Autopsien bei Kindern, die plötzlich gestorben waren, wie z.B. beim „Krippentod", daß sie besonders große Thymusdrüsen aufwiesen, so glaubte man, daß sie an einer vom Thymus verursachten Krankheit gestorben seien. Diese Krankheit nannte man „Status thymicolymphaticus".

In den fünfziger Jahren begann man, die Krankheit auf Grund von Forschungsergebnissen und weiteren Obduktionserkenntnissen in Frage zu stellen. So ergaben Autopsien im Korea-Krieg, daß gefallene Soldaten größere Drüsen aufwiesen als gleichaltrige Männer, die im Krankenhaus an chronischen Krankheiten gestorben waren. Schließlich erkannte man, daß die Drüse während einer ernsten Krankheit oder großem körperlichem Streß schnell schrumpft. Die Kinder, die angeblich der Krankheit „status thymicolymphaticus" zum Opfer gefallen waren, waren in Wirklichkeit gestorben, bevor die Drüse überhaupt schrumpfen konnte; ihre Drüsen waren in Wirklichkeit normal groß. Der Irrglaube, daß die Thymusdrüse geschwollen war und den Tod verursacht hatte, hatte eine Krankheit entstehen lassen, die es gar nicht gab. Man bedenke, daß die Thymusdrüse bei Kindern sogar häufig bestrahlt wurde, um sie zu verkleinern, weil man annahm, daß dies Krankheiten verhindern würde. Was man tatsächlich damit erreichte, waren die Zerstörung eines wichtigen Bestandteils des Immunsystems

(Abwehrsystems) und erhöhte Anfälligkeit gegenüber Infektionen, Krebs und chronischen Krankheiten.

Der Mythos der schrumpfenden, überflüssigen Thymusdrüse stirbt trotz der Ergebnisse der modernen Forschung nur langsam. Jedesmal wenn ich vor Medizinern Vorlesungen über die Drüse halte, werde ich darauf hingewiesen, daß „jeder weiß, daß die Drüse bei Erwachsenen überhaupt keine Funktion hat". Aber die Beweise für ihre immunologische Bedeutung, die in den letzten zwanzig Jahren gesammelt wurden, sind so überwältigend, daß ich annehmen muß, daß irgend etwas im Unterbewußtsein arbeitet und der Drüse die Anerkennung, die ihr zusteht, versagt.

Die Entfernung oder Zerstörung der Drüse beim Menschen wie auch beim Tier führt zu einem Verlust an Effektivität der Immunmechanismen des Körpers, die vor Infektionen und Krebsentstehung schützen. Injiziert man z.B. Krebszellen einer jungen Ratte, der die Thymusdrüse entfernt wurde, so breitet sich der Krebs aus und die Ratte stirbt. Ist jedoch der Thymus intakt, wird der Tumor als feindlicher Eindringling erkannt und bekämpft.

Es gibt mittlerweile Beweise dafür, daß die Verabreichung von Thymusextrakten die Immunabwehr steigern kann und dadurch einige Arten von klinischem Krebs geheilt werden können. Wie schon erwähnt wurde, führt die Literatur auf, daß schon im Jahre 1902 Thymusextrakte bei der Behandlung von Krebs eingesetzt wurden.

Beim Embryo wie auch in den ersten Lebensjahren ist die Thymusdrüse von großer Bedeutung für das Wachstum; Laborversuche haben gezeigt, daß das Wachstum von Tieren durch die Verabreichung von Thymusextrakten beträchtlich beschleunigt werden kann. Von noch größerer Bedeutung ist jedoch ihre Funktion als „Schule und Fabrik“[3] für die Lymphozyten, die weißen Blutkörperchen, die für die immunologischen Reaktionen verantwortlich sind. Die Lymphozyten kommen in unreifem Zustand aus dem Knochenmark in die Thymusdrüse. Dort reifen diese Zellen unter dem Einfluß der Thymushormone, verlassen dann die Drüse wieder und siedeln sich in den Lymphknoten und der Milz an, wo sie neue Generationen von Lymphozyten, die T-Zellen, entstehen lassen (T = Thymus-abhängig).

Thymushormone wandern durch das Blut und üben weiterhin Einfluß auf die abgewanderten T-Zellen aus. Somit kann die Thymusdrüse als endokrine Drüse angesehen werden, d.h. als Organ, das Hormone in den Blutkreislauf ausschüttet, damit diese zu einem anderen Teil des Körpers transportiert und dort wirksam werden können.

Wir wissen, daß der Thymus bis ins hohe Lebensalter Hormone produziert und T-Zellen „ausbildet“ und „exportiert“. Nach der Pubertät nimmt er an Größe ab, da seine Funktion als Wachstumsdrüse entfällt. Jede weitere Schrumpfung ist eine Folge von Streß oder anderen Faktoren, die in diesem Buch behandelt werden. In seiner Aufgabe als „Ausbilder“ bereitet der Thymus die T-Zellen auf

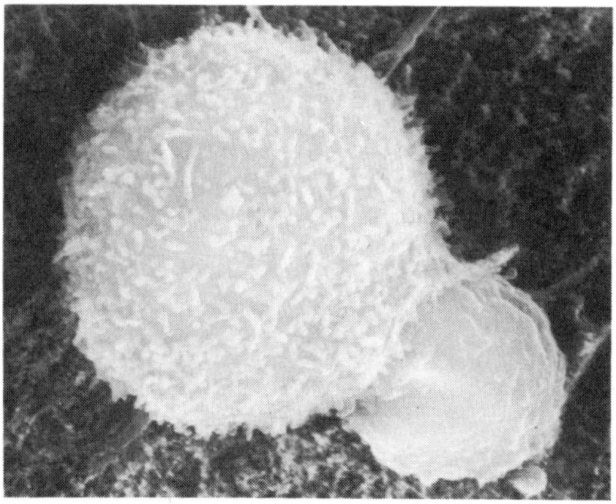

Obere Abbildung: Eine T-Zelle, ein Thymus-abhängiger Lymphozyt, greift eine Krebszelle (große Kugel) an, die sie anhand der Antigenmoleküle, die vor der Oberfläche abstehen, identifiziert.

Untere Abbildung: Die tiefen Falten in der Oberflächenmembrane zeigen an, daß die Krebszelle stirbt.

Diese Mikroaufnahmen wurden von Andrejs Liepins vom „Sloan-Kettering Institute für Krebsforschung" aufgenommen.

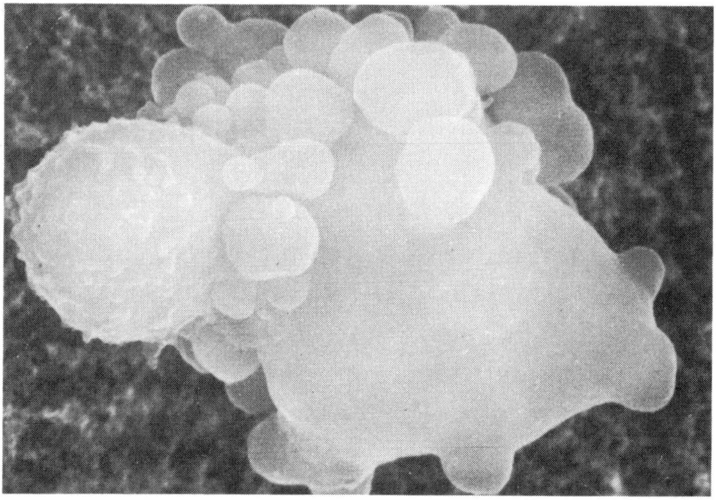

ihre Arbeit vor: körpereigene von körperfremden Stoffen zu unterscheiden, Freund vom Feind, und fremde Zellen zu zerstören. Sie sind also für die immunologische Überwachung verantwortlich und bilden die Körperabwehr gegen Infektionen und Krebs.

Eine medizinische Zeitschrift berichtete kürzlich über den Fall eines Jungen, der an einer ernsten Virus-Lungenentzündung litt und sich bei seiner Einlieferung ins Krankenhaus bereits im Koma befand. Er hatte hohes Fieber und mußte künstlich beatmet werden, da ohne Hilfe seine Atmung ausgesetzt hätte. Man tat alles Mögliche, um ihn wiederzubeleben, aber es war ziemlich klar, daß er sterben würde. Schließlich führte man eine Zählung der T-Zellen durch und fand heraus, daß er nur ungefähr ein Fünftel der normalen Menge besaß. Daraufhin injizierte man Thymusextrakt, und innerhalb von 24 Stunden änderte sich sein Zustand völlig. Das Fieber sank, er atmete wieder ohne Hilfe und war wieder bei Bewußtsein. Diese Art von Genesung werden wir immer mehr als Beweis für das Funktionieren der Thymusdrüse kennenlernen, und die Verabreichung von Thymusextrakten wird, bei Bedarf, in der medizinischen Praxis zur Routine werden. Ich bin davon überzeugt, daß dies schon in den nächsten fünf oder zehn Jahren der Fall sein wird. „Das zweite goldene Zeitalter der Thymologie beginnt gerade“[4], stellte ein Experte auf diesem Gebiet fest.

Die wahrscheinlich einsichtigste Theorie über Krebs wurde von dem australischen Nobelpreisgewinner Sir MacFarlane Burnet[5] aufgestellt. Sie besagt, daß von den Billionen von neuen Zellen, die täglich im Körper produziert werden, einige anomal sind. Die T-Zellen haben nun unter anderem die Funktion, diese anomalen Zellen zu erkennen und zu zerstören. Werden die T-Zellen jedoch von den Thymushormonen nicht aktiviert, können sich die anomalen Zellen ausbreiten und Krebs hervorrufen. Die Thymusdrüse spielt also beim Erwachsenen eine entscheidende Rolle bei der Verhinderung von Krebs.

Wir verstehen nun, warum das Krebsrisiko mit dem Alter zunimmt. Untersuchungen haben gezeigt, daß junge Mäuse zwanzigmal soviel Antikörper wie alte Mäuse produzieren. Bei alten Mäusen versagt die Abwehr gegen injizierte Krebszellen. Spritzt man ihnen jedoch zur gleichen Zeit Thymushormone, entwickelt sich kein Krebs. Die Thymusaktivität nimmt bei allen Säugetieren mit dem Alter ab, und die Krebshäufigkeit nimmt entsprechend zu. Je mehr wir folglich die Thymusaktivität stimulieren können, um so größer wird unsere Fähigkeit sein, Krebs zu verhindern.

Die Frage, warum die Thymusdrüse bei Streß schrumpft, ist noch nicht völlig geklärt. Man weiß, daß bei einer schweren Verletzung oder plötzlicher Krankheit Millionen von Lymphozyten innerhalb eines Tages zerstört werden und die Drüse um die Hälfte schrumpft. Dies ist nach den Beschreibungen von Hans Selye[6] auch eine der Reaktionen auf Streß.

In diesem Buch werden verschiedene Formen von Streß behandelt. Im folgenden soll zunächst die Bedeutung der Thymusdrüse beim BK-Test beschrieben werden.

3. Der BK-Test

> „A wise man ought to realize that health is his most valuable possession and learn how to treat his illnesses by his own judgment."
> (Ein weiser Mensch sollte erkennen, daß die Gesundheit sein wertvollster Besitz ist, und lernen, wie er seine Krankheiten nach seinem eigenen Urteil behandeln kann.)
>
> Hippokrates

Kommen wir noch einmal auf die zu Beginn dieses Buches beschriebene Testmethode zurück.[7] Bitten Sie einen Freund oder ein Mitglied Ihrer Familie, sich als Testperson zur Verfügung zu stellen.

1. Die Testperson steht aufrecht; der rechte Arm hängt entspannt an der Seite herunter, der linke Arm wird mit gestrecktem Ellbogen parallel zum Boden gehalten.[8]
2. Stellen Sie sich vor die Testperson und legen Sie Ihre linke Hand zur Stabilisierung auf die rechte Schulter der Testperson. Legen Sie Ihre rechte Hand auf den ausgestreckten linken Arm, genau oberhalb des Handgelenks (vgl. Abb. 3 und 4).
3. Sagen Sie der Testperson, daß Sie versuchen werden, den Arm herunterzudrücken, während sie mit aller Kraft Widerstand leisten soll.
4. Drücken Sie den Arm ziemlich schnell, fest und gleichmäßig, nicht ruckartig, herunter. Es kommt darauf an, gerade so fest zu drücken, um das Sperren im Arm überprüfen zu können, nicht so stark, daß der Muskel ermüdet. Die

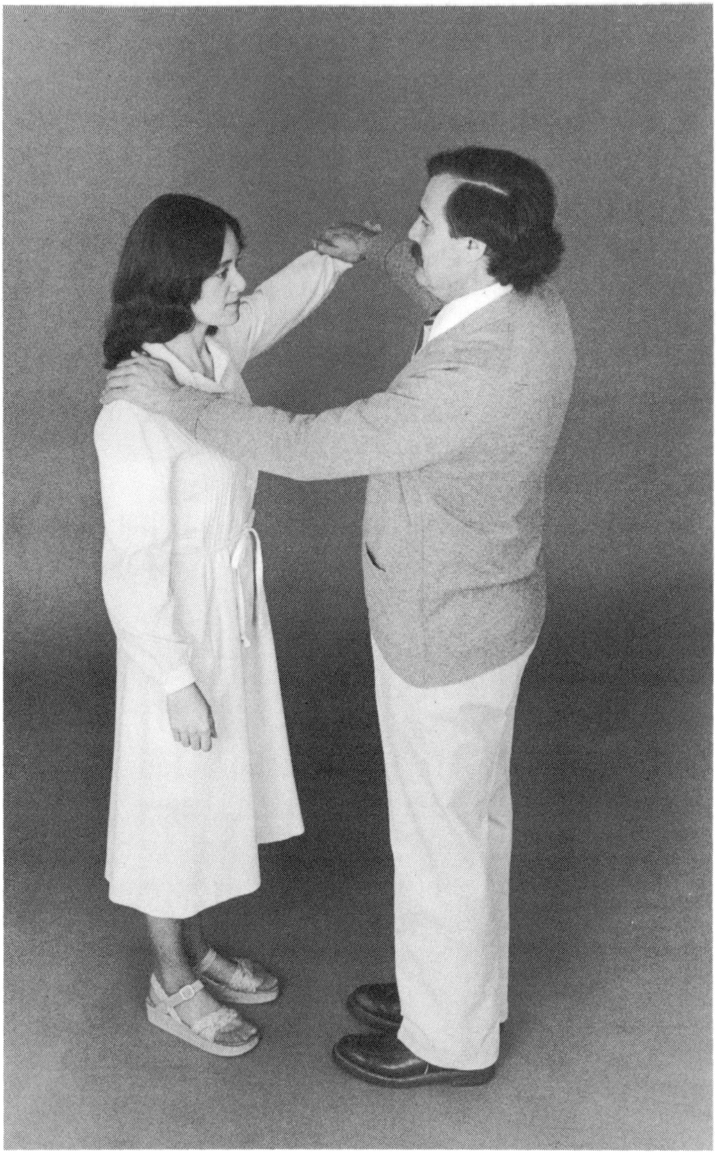

Abb. 3: Der Test des Deltamuskels ohne Testpunktberührung

Abb. 4: Der Test des Deltamuskels ohne Testpunktberührung in der Nahaufnahme

Frage ist nicht, wer stärker ist, sondern ob der Muskel das Schultergelenk gegen den Druck „verschließen" kann.

Zu beachten: Lachen Sie nicht, während Sie einen BK-Test durchführen oder selbst getestet werden (vgl. Kap. 6).

Wenn der Muskel nicht irgendwie geschädigt ist, wird er stark sein. Trifft dieses zu, so geben Sie der Testperson ein wenig raffinierten Zucker in den Mund und testen Sie noch einmal. In fast allen Fällen wird der Muskel jetzt schwach; obwohl Sie nicht stärker als zuvor drücken, kann der Muskel dem Druck nicht widerstehen, der Arm fällt herunter.

Was ist eigentlich geschehen? Irgendwie hat der raffinierte Zucker die Energieversorgung des Körpers beeinträchtigt, wie der Kraftverlust anzeigt. Derselbe Effekt würde bei jedem anderen Körpermuskel auftreten. Der hier beim Testen verwendete mittlere Teil des Deltamuskels bietet sich an, da er am einfachsten zu testen ist. Wie jeder andere Muskel auch ist er ein Indikator für die Energieversorgung des Körpers, daher wird ein einzelner Muskel, der dem BK-Test unterzogen wird, *Indikatormuskel* genannt.

Versuche mit dem Kinesiometer, einem Gerät zur Messung der Muskelkraft, ergeben, daß ein starker Muskel einem Druck von bis zu 40 Pfund widerstehen kann, während die Grenze eines schwachen Muskels bei 15 Pfund liegt. Es ist aber nicht bei jedem Test ein Druck von 40 Pfund notwendig, da wir ein Gefühl dafür entwickeln, ob der Muskel stark genug ist, um das Gelenk zu „sperren“. Wenn wir das „Sperren“ im Muskel nicht feststellen können, ist er schwach, und dieser Unterschied ist sowohl vom Testenden als auch von der Testperson sofort festzustellen.

Kommen wir noch einmal auf den zuvor beschriebenen Test zurück: Testen Sie den Indikatormuskel noch einmal und versichern Sie sich, daß er stark ist. Die Testperson legt dann die Fingerspitzen der freien Hand in der Höhe auf das Brustbein, wo die zweite Rippe mit dem Brustbein verbunden ist. Dieser Punkt (siehe Abb. 7) liegt di-

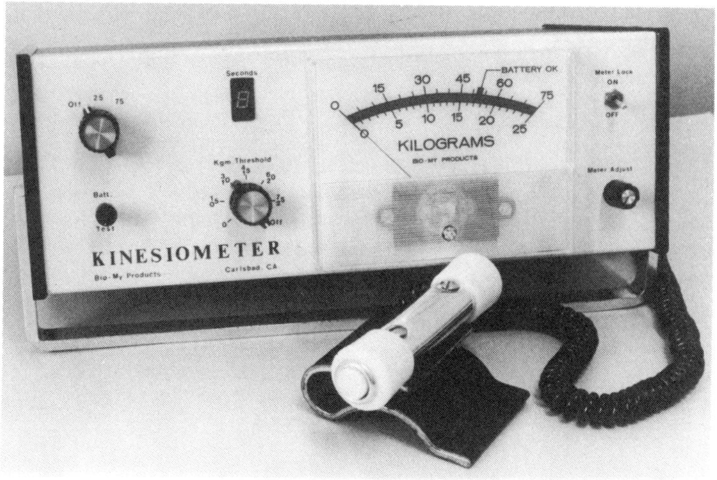

Abb. 5: Das Bio-My-Kinesiometer für den Muskeltest.

rekt über dem Thymus. Während die Testperson nun diesen Thymuspunkt berührt, testen Sie den Indikatormuskel noch einmal (siehe Abb. 8). Ist er stark geblieben, oder ist er schwach geworden? Trifft das letztere zu, so ist folgendes passiert: Sie haben einen Indikatormuskel gefunden, der von vornherein stark war, d.h. ohne daß die Testperson mit der freien Hand irgendeinen Körperteil berührte. Als sie aber die Hand auf den entsprechenden Punkt legte, wurde der Indikatormuskel schwach. In der Behavioralen Kinesiologie bedeutet dies, daß entweder die Energieversorgung des Thymus unzureichend ist oder daß der Thymus in dem Moment nicht aktiv genug war. Wenn der Indikatormuskel auch bei Berührung des Thymuspunktes stark blieb, so bedeutet dies, daß es in dem Moment keine Anzeichen für eine Energieunausgeglichenheit gab.

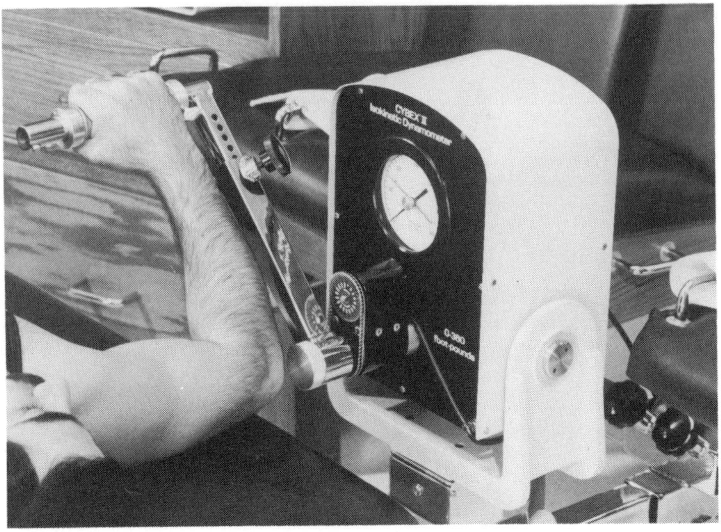

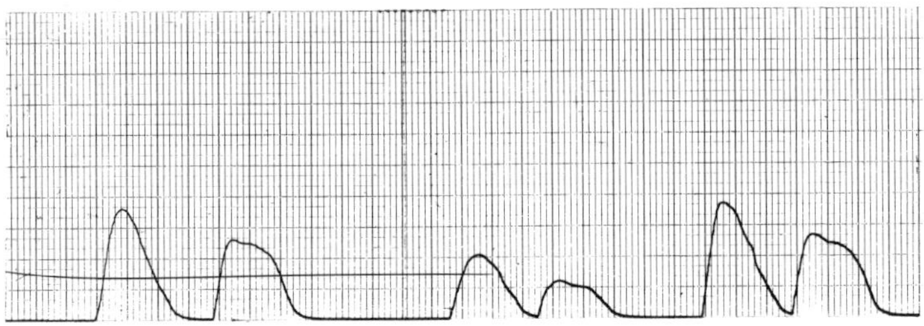

Abb. 6: Der Cybex-Kraftmesser ist ein weiteres Gerät, mit dem man Muskeln testen kann. Sogar der Quadrizeps, der vielleicht stärkste Körpermuskel, entwickelt nur halb so viel Kraft, wenn ein schwächender Stimulus auftritt. Der Verlauf der Kurve im unten abgebildeten Kurvenbild gibt die Ergebnisse, die bei Tests des Quadrizeps und der Unterschenkelflexoren mit und ohne Stimulus erzielt wurden, wieder. Die ersten beiden Spitzen (links: Quadrizeps; rechts: Unterschenkelflexoren) zeigen die Kraft dieser Muskeln beim normalen Testen an: Der höchste Wert liegt bei 66 „foot-pounds" (britische Maßeinheit für Drehmoment und Energie) Druck. Das zweite Paar Spitzen zeigt die Kraft derselben Muskeln, wenn die Energieversorgung des Körpers von einem negativen Impuls beeinträchtigt wird: Der höchste Wert liegt jetzt bei 36 „foot-pounds" Druck. Das dritte Paar Spitzen gibt die Kraft nach Entfallen des Stimulus an und zeigt, daß die anfängliche Kraft wieder entwickelt werden kann.

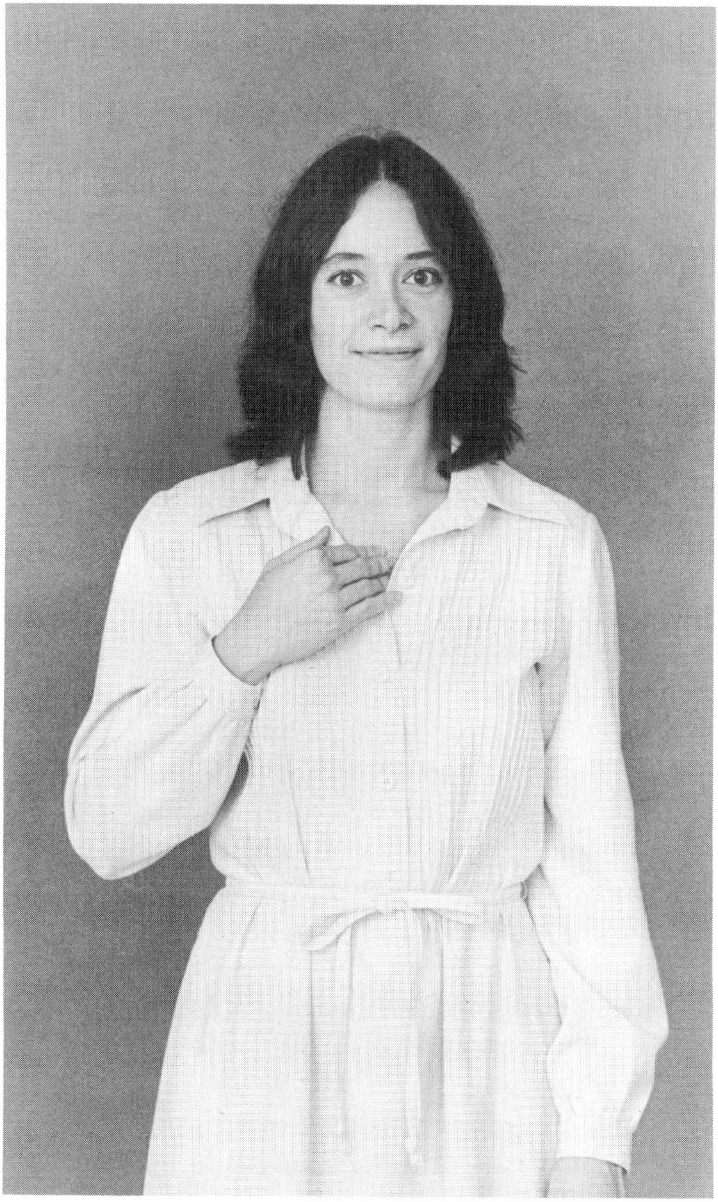

Abb. 7: Der Testberührungspunkt, der Thymuspunkt. Die Finger müssen die Haut berühren.

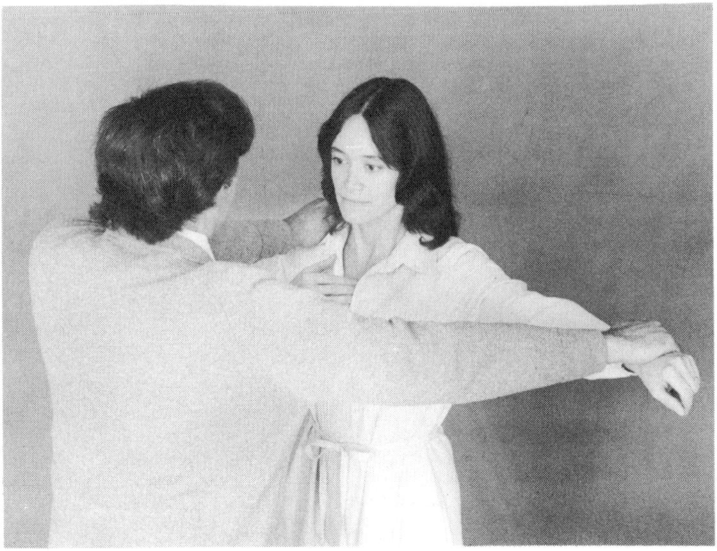

Abb. 8: Das Testen mit gleichzeitiger *Therapielokalisierung* bzw. *Testberührung* der Thymusdrüse

Es gibt also drei Möglichkeiten:

1. Der Stimulus beeinflußt Sie nicht.
2. Der Stimulus schwächt die Thymusdrüse.
3. Der Stimulus ist so schädlich, daß ein Test des Muskels auch dann eine Schwäche ergibt, wenn die Testperson den Thymuspunkt nicht berührt.

Ich empfehle daher, die in diesem Buch aufgeführten Faktoren sowohl nach der Methode „ohne Testberührung" als auch „mit Testberührung" zu testen.

Wenn der Thymus der Testperson bei einem Test „mit Testberührung" zu Beginnn stark sein muß, die Drüse Ihrer Testperson aber schwach ist, kann man den Thymus für eine gewisse Zeit aktivieren, indem man zwei- oder dreimal leicht daraufklopft. Klopfen Sie aber nicht zu stark, denn der Thymus kann so sehr gestärkt werden, daß der Test nicht mehr durchgeführt werden kann.

Wenn Ihr Thymus ohne spezielle Aktivierung trotz der in diesem Buch aufgeführten schädlichen Einflüsse stark bleibt, sind Sie auf dem Weg zu bester Gesundheit. In meiner Praxis teste ich meine Patienten und Studenten am Ende jeder Sitzung oder jedes Interviews mit einem negativen Faktor wie z. B. der Rock-Musik. Wird der Thymus schwach, weiß ich, daß eine weitere Stärkung notwendig ist.

Woher wissen wir eigentlich, daß wir gerade die Thymusdrüse testen? Zum Beweis müssen wir die Testperson nur eine Tablette Thymusextrakt schlucken lassen; der Indikatormuskel wird sofort stark, bleibt jedoch bei anderen Extrakten schwach.

Die Testmethode „mit Testberührung“ wird in der Kinesiologie „Therapielokalisierung“ genannt. Man ist sich noch nicht ganz klar darüber, was genau abläuft, vermutet aber, daß an dem Punkt des Körpers, der sich als energiearm erwies, ein Energiekreislauf geschlossen wird.[9] Führen Sie den folgenden Test durch: Lassen Sie die Testperson nicht den Thymuspunkt, sondern andere Körperpunkte willkürlich berühren, und testen Sie den Indikatormuskel bei jeder Berührung. Wahrscheinlich wird er bei den verschiedenen Berührungen nicht schwach. Ausschlaggebend ist danach der anfängliche Testberührungspunkt, der Thymuspunkt; eine Schwächung des Muskels zeigt an, daß dieser spezielle Punkt des Körpers unter einer Energieunausgeglichenheit leidet.

Ergab der Test des Thymuspunktes eine Schwäche, so klopfen Sie zehn oder zwölf Mal auf diese Stelle und testen Sie den Indikatormuskel noch einmal nach der Methode „mit Testberührung". Gewöhnlich ist der Muskel nach dem Klopfen stark, denn der Thymus ist, wenn auch nur zeitweilig, aktiviert worden. Der Körper sagt Ihnen, daß jetzt mit dem Punkt alles stimmt, daß es keine Energieprobleme mehr gibt. Sie haben dem Körper die Frage gestellt: „Stimmt mit dem Punkt etwas nicht?" Und der Körper hat mit Ja geantwortet. Sie haben dann das Richtige getan, um den Energiestrom zu korrigieren, und der Körper hat gesagt: „Danke, es ist in Ordnung." Man muß kein „Experte" sein, um feststellen zu können, daß *dies* oder *das* nicht stimmt; die Reaktion des Körpers beim Test gibt Ihnen die Antwort; Ihr Körper weiß es, wir müssen nur wissen, wie man ihn fragt.

Testen Sie die Testperson noch einmal und versichern Sie sich, daß der Thymus stark ist. Bitten Sie dann die Person, an irgend etwas Schreckliches wie z.B. einen Autounfall zu denken. Testen Sie wieder. Was ist passiert? Fast immer ist der Thymus schwach. Bitten Sie die Testperson dann, an jemanden, den sie haßt, zu denken. Die Thymusdrüse wird voraussichtlich weiterhin schwach testen. Lassen Sie daraufhin die Testperson an jemanden, den sie liebt, denken. Sofort wird die Drüse im Test stark ansprechen. Sie sehen, wie schnell wir mit den BK-Tests bedeutende Erkenntnisse über Körper und Geist gewinnen können.

Im vollständigen BK-Testprogramm werden fast alle Körpermuskeln getestet; in diesem einführenden Buch werden wir jedoch nur einen Indikatormuskel verwenden, den mittleren Teil des Deltamuskels. Ebenso werden bei der Testberührung (Therapielokalisierung) über 100 Punkte getestet, die für die Diagnose und Behandlung von Bedeutung sein können. Wir beschränken uns jedoch hier fast ausschließlich auf den Thymuspunkt, denn allein dieser Testpunkt gibt schon Aufschluß darüber, von welchen Faktoren im täglichen Leben Sie positiv beeinflußt werden. Wie Sie gelernt haben, ist der Thymus das erste Organ, das von Streß beeinflußt wird. Ebenso ist er der Sitz unserer Lebensenergie, die das Thema des nächsten Kapitels ist.

4. Ihre Lebensenergie

„. . . the pleasure afforded by every organic form is in proportion to its appearance of healthy vital energy."
(Das Vergnügen jeder organischen Form steht im Verhältnis zu ihrer gesunden, vitalen Energie.)

John Ruskin

Unsere Lebensenergie ist die Quelle physischen und psychischen Wohlbefindens, vollkommener Gesundheit und unserer Lebensfreude. Durch die Geschichte hindurch hat man ihr viele Namen gegeben. Hippokrates nannte sie „Vis medicatrix naturae", die Heilkraft der Natur. Bei Paracelsus hieß sie „Archaeus", bei den Chinesen „Ch'i", bei den Ägyptern „Ka", bei den Hindus „Prana", bei den Einwohnern Hawaiis „Mana". Sie alle meinten dasselbe.

Vor einigen Jahren stieß ich in einem im Jahre 1853 veröffentlichten Buch auf eine Diskussion der „Symptome" der Gesundheit. „Unsere medizinischen Bücher", schrieb Dr. Nichols, „sind voll von Beschreibungen, Symptomen und Ursachen von Krankheiten. Ich möchte meine Leser, soweit es geht, zu einem Wissen über die Gesundheit führen, indem ich eine klare Beschreibung gebe und ihre Symptome aufzähle." Hier sind seine „Symptome":

„Gesundheit ist im menschlichen Wesen die Vollkommenheit der körperlichen Ordnung, der intellektuellen Energie und der moralischen Kraft. Gesundheit ist der höchste Ausdruck aller in vollkommener Harmonie zusammenwirkenden Fähigkeiten und Leidenschaften des Menschen. Gesundheit ist die vollkommene Befreiung von körperlichen Schmerzen und geistiger Disharmonie.

Gesundheit bedeutet Schönheit, Energie, Reinheit, Heiligkeit, Glück. Gesundheit ist jener Zustand, in dem der Mensch der höchste Ausdruck der Macht und Güte seines Schöpfers ist, den man kennt. Wenn ein Mensch in seinem Wesen, seinem Körper und seiner Seele vollkommen ist, vollkommen in ihren harmonischen Adaptionen und Handlungen, und in vollkommener Harmonie mit der Natur, mit seinen Mitmenschen und Gott lebt, kann man von ihm sagen, daß er sich im Zustand der Gesundheit befindet."[10]

Es gibt wohl keine großartigere Beschreibung der Gesundheit als Walt Whitmans „Health":

„In jener Verfassung wird der Körper in einen Zustand erhoben, der anderen unbekannt ist – innerlich und äußerlich erleuchtet, gereinigt, gefestigt, stark und doch leicht. Ein einzigartiger Charme, mehr als Schönheit, flackert aus dem und über das Gesicht – eine sonderbare Transparenz strahlt in den Augen – die Stimmung hat auch daran teil (wird auch miteinbezogen). Das Spiel des Körpers in der Bewegung nimmt eine zuvor unbekannte Anmut an. Allein *sich zu bewegen* bedeutet dann Glück, ist ein Vergnügen – zu atmen, zu sehen ebenso. All die vorherigen Vergnügen, geistige Getränke, Pomade, Drogen, Tabakmischungen, lange Nächte, Luxusartikel, nächtliche Aktivitäten erscheinen wie quälende Träume, und jetzt das Er-

Abb. 9: Die enorme Lebensenergie eines Kindes

wachen – viele fallen auf ihren natürlichen Platz, gesund, göttlichere Freuden vermittelnd."[11]

Solch ein segensreicher Gesundheitszustand, wie ihn Whitman beschreibt, basiert auf einer ausgezeichneten Lebensenergie. Es gibt sie selten, aber lassen Sie sich nicht entmutigen, denn auch wenn Sie krank und müde gewesen sind, können Sie viel für die Steigerung Ihrer Lebensenergie tun. Die Lebensenergie zu steigern bedeutet jedoch nicht, daß Sie sich temporär „aufputschen", indem Sie z.B. ein Stück Zucker zu sich nehmen, noch

Abb. 10: Dieser Mustang ist voller Energie. Seine Bewegungen sind fließend und frei, seine Haltung ist ausgezeichnet. Überprüfen Sie den Effekt dieses Bildes. Sie werden feststellen, daß es sich energiesteigernd auswirkt.

Abb. 11: Die Vitalität dieses Tieres ist sogar im Ruhezustand deutlich. Es ist handlungsbereit, wenn es erforderlich werden sollte. Auch dieses Bild übt einen stärkenden Effekt aus.

bedeutet es, daß Sie sich in einen Zustand „nervöser“ Energie treiben. Vielmehr bedeutet es, daß Sie Ihre Lebenskraft, Ihre Vitalität steigern. Vitalität ist nicht unbedingt mit Aktivität gleichzusetzen. Schauen Sie sich einmal ein gesundes Tier im Ruhezustand an, und Sie werden erkennen, daß es ein hohes Maß an Lebensenergie besitzt.

Durch Testen des Thymuspunktes (siehe vorhergehendes Kap.) können Sie feststellen, ob Sie über viel oder wenig Lebensenergie verfügen. Leider besitzen 95 Prozent von uns nur wenig Vitalität. Hierfür gibt es viele Gründe, wie die folgenden Kapitel zeigen werden. Zunächst möchte ich aber noch auf etwas anderes eingehen. Bei allen meinen Patienten, die an einer chronischen Abbaukrankheit litten, war auch die Thymusdrüse schwach. Sicherlich können die Angst und die Mutlosigkeit, die durch die Krankheit hervorgerufen werden, für die Schwäche des Thymus verantwortlich sein. Ich bin jedoch davon überzeugt, daß die Schwäche des Thymus, oder seine verminderte Aktivität, die ursprüngliche Ursache der Krankheit ist. *Jede Krankheit beginnt mit einer Erschöpfung der Lebensenergie.* Sollte diese Erschöpfung weitergehen, wird irgendein Körperorgan das Ziel der Krankheit sein. Wenn wir folglich ein optimales Funktionieren des Thymus erzielen und aufrechterhalten können (vorausgesetzt, daß wir nicht schon zu viele krankhafte Veränderungen aufweisen), werden wir ein viel gesünderes, glücklicheres und längeres Leben vor uns haben, als es sonst der Fall wäre.

Im alten China herrschte die Vorstellung, daß die Lebensenergie, Ch'i genannt, in einem System von Kanälen durch den Körper fließt. Es gab zwölf Hauptkanäle, die Meridiane. Jeder von ihnen stand mit einem bestimmten Körperorgan – dessen Namen er trägt – in Verbindung. Diese paarig verlaufenden Meridiane sind: Magen, Milz, Herz, Dünndarm, Blase, Nieren, Kreislauf-Sexus, Dreifacher Erwärmer (Schilddrüse), Gallenblase, Leber, Lunge und Dickdarm. Ch'i gelangt mit der eingeatmeten Luft und der Nahrung und Flüssigkeit, die man zu sich nimmt, in den Körper. Der Strom der Energie fließt kontinuierlich von einem Meridian zum nächsten in einer bestimmten Reihenfolge. In der Akupunktur kann man eine Unausgeglichenheit im Energiestrom eines bestimmten Meridians feststellen und beheben, indem man an bestimmten Punkten entlang der Meridianlinie Nadeln einsticht. Das Einstechen der Nadeln an diesen Punkten bringt den Energiestrom im Meridian in Balance und hat einen therapeutischen Effekt auf das damit verbundene Organ.

Obwohl die chinesische Akupunkturbehandlung seit Jahrhunderten hervorragende Ergebnisse erzielt, sind die Versuche, sie in die westliche Medizin zu integrieren, bisher nicht zufriedenstellend gewesen. Das Problem besteht darin, daß das Akupunktursystem keinen bekannten anatomischen Kanälen zu folgen scheint. Dr. Felix Mann, einer der bedeutenden westlichen Verfechter der alten chinesischen Kunst, glaubt, daß der Strom von

Ch'i durch die Meridiane eine Welle elektrischer Depolarisierung, die durch die Fasern des autonomen Nervensystems läuft, sein kann.[12] Trotz der Behauptungen eines koreanischen Arztes in den sechziger Jahren ist aber noch kein System von Kanälen gefunden worden.

Da es keine als Akupunkturkanäle dienenden bekannten Strukturen gibt, weigern sich westliche Ärzte, den Körper als Quelle und Leiter elektromagnetischer Energie anzusehen. Und genau an diesem Punkt muß das Akupunktursytem begrifflich erfaßt werden. Die Meridiane sind die Hauptkanäle, die die elektromagnetische Energie durch den Körper leiten. Wann immer es eine Energieunausgeglichenheit in einem Meridiansystem gibt, arbeiten die mit dem System verbundenen Organe nicht richtig.

Es war Dr. George Goodheart, der eine direkte Verbindung zwischen Muskeln und Meridianen entdeckte. Ein schwacher Muskel zeigt eine Energieunausgeglichenheit – eine Ch'i-Unausgeglichenheit – in dem Organ, mit dem der Muskel über den entsprechenden Akupunkturmeridian verbunden ist, an. Muskeln kann man sich als Energiepumpen vorstellen, die den Energiestrom durch die Meridiane steigern, wenn der Thymus richtig arbeitet. Ist der Thymus schwach, wird auch der Energiefluß beeinträchtigt. Dies erklärt, warum wir beim BK-Muskeltest nicht die mechanische Kraft des Muskels testen, wie es z.B. der Krankengymnast macht. Wir testen vielmehr die Energie in dem mit dem Muskel zusammenhängenden Meridian und die Fähigkeit des Körpers, die Energie zu erneuern. Folglich geht es uns bei einem Muskeltest eigentlich mehr um den dazugehörigen Meridian. Wenn der Energiestrom zum Meridian unterbrochen worden ist, fällt das Energieniveau im Meridian schnell ab, und der entsprechende Muskel wird schwach. Umgekehrt ist der Muskel bei intaktem Energiestrom zum Meridian stark. Dies ist jedoch noch nicht alles.

Eine bedeutende Entdeckung der Behavioralen Kinesiologie ist die Feststellung, daß der Thymus den Energiestrom im Meridiansystem überwacht und reguliert.[13]

Stellen Sie sich den Kontrollraum eines großen Elektrizitätswerks vor. Die Skalen vor Ihnen geben die durch die Kanäle fließende Energie wieder. Sobald eine Energieunausgeglichenheit auftritt, greift der Kontrolleur ein und korrigiert sie. Ist das Niveau in einem bestimmten Kanal zu hoch, leitet er die Energie zu Kanälen um, in denen es niedrig ist, ist das Niveau niedrig, schickt er Energie aus Kanälen mit hohem Energieniveau.

Der Thymus kontrolliert den Energiestrom im Körper. Er überwacht und reguliert ständig unsere Lebensenergie. Wenn die Drüse nicht richtig arbeitet und Unausgeglichenheiten entstehen, wird letztlich ein bestimmtes Organ physisch geschädigt; eine organische Krankheit hat sich entwikkelt. Selbst wenn wir den Thymus aktivieren und den Energiefluß wieder in Gang bringen können, bleibt eine strukturelle Schwäche bestehen. Deshalb ist die primäre Prävention so wichtig.

So sind wir zu einer weiteren Erkenntnis über den „schwachen" Thymus gelangt. Wie Sie sich erinnern (siehe. Kap. 2), produziert der Thymus Lymphozyten und kontrolliert sie später durch die Ausschüttung von Hormonen derart, daß fremde Zellen und Substanzen und abnormale Körperzellen identifiziert und vernichtet werden. Diese Funktion der immunologischen Überwachung hat direkt mit der Resistenz gegen Infektionen und Krebs zu tun. Aber erst seit kurzem versteht man die immunologischen Funktionen des Thymus. Die Erkenntnis seiner Rolle als Kontrolleur, der die lebenspendenden und heilenden Energien dirigiert, kam als völlige Überraschung.

Der Thymus ist, wie wir gesehen haben, das erste Organ, das von Streß beeinflußt wird. Er ist auch das erste Organ, dessen Energieniveau von einem emotionalen Zustand beeinflußt wird. Er kann daher als Bindeglied zwischen dem Geist und dem Körper angesehen werden.

Das Wort *Thymus* entstand aus dem griechischen Wort *thymos*, oder Θγμός, das in die modernen Sprachen nicht zu übersetzen ist, das aber soviel wie Lebenskraft, Seele und Gefühl oder Sensibilität bedeutet. Nach Onians bezog sich das Wort *thymos* ursprünglich auf den Atem. Es war der Stoff des Bewußtseins, der Geist, die Atem-Seele, von dem die Energie und der Mut eines Menschen abhing. Sogar die frühesten Ursprünge des Wortes implizierten ein Aufgehen in Flammen, als Wolke, Geist, wodurch es mit dem Begriff der

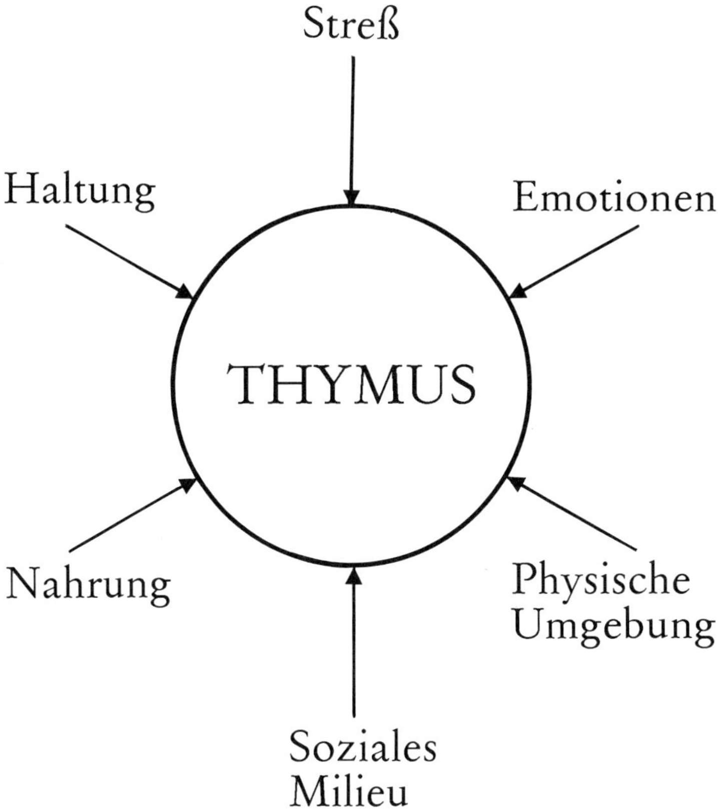

Abb. 12

Seele und der Lebensenergie in Verbindung gebracht wurde.[16]

Der Thymus wird nicht nur von Streß und Emotionen, sondern auch sehr stark von der physischen Umgebung, den sozialen Beziehungen, der Nahrung und der Körperhaltung beeinflußt. In Abbildung 12 sind diese sechs Hauptfaktoren zusammenfassend dargestellt. Im weiteren Verlauf des Buches werde ich Ihnen zeigen, wie Sie feststellen können, welche Faktoren dieser Kategorien Ihre Lebensenergie schwächen oder stärken. Ich werde Ihnen Vorschläge machen, die auf Forschungsergebnissen und klinischer Erfahrung basieren; das Entscheidende wird dabei aber immer Stärke oder Schwäche in bezug auf *Ihre* Lebensenergie sein.

Seien Sie nicht bestürzt, wenn Sie feststellen, daß es viele Dinge gibt, die Sie negativ beeinflussen. Mit der Erhöhung der Lebensenergie werden diese Einflüsse automatisch ausgeschaltet.

5. Streß und zerebrale Ausgeglichenheit

„The personal issue is whether the things we are doing day by day are done in a conscious and balanced way or are part of a painridden struggle. If yours be the latter method, stop!"
(Es geht um die persönliche Frage, ob die alltäglichen Dinge bewußt und in Ausgeglichenheit verrichtet werden oder Teil eines schmerzhaften Kampfes sind. Trifft für Sie die letztere Methode zu, so hören Sie auf damit.)

Raymond A. Dart

Suchen Sie sich eine Testperson, deren Delta-Indikatormuskel stark ist. Machen Sie dann irgend etwas, um die Person leicht zu erschrecken. Schubsen Sie sie, schreien Sie „buh" oder etwas Ähnliches. Testen Sie dann noch einmal. Der starke Indikatormuskel ist plötzlich schwach geworden.

Ich habe dieses an Hunderten von Personen demonstriert, an Ärzten, meinen Patienten und x-beliebigen Leuten, die dann immer erstaunt über ihre Anfälligkeit gegenüber geringfügigen Störungen waren. Äußerst überrascht sind bei solchen Versuchen die Ärzte, besonders wenn ich das folgende Beispiel demonstriere: In Gegenwart des Arztes bitte ich seine Sprechstundenhilfe, ihm plötzlich mitzuteilen, daß ihn ein Patient, den er nicht besonders gern mag, am Telefon sprechen möchte. Obwohl der Arzt weiß, daß es sich nur um eine Demonstration handelt, löst der Satz „Herr Schmidt möchte Sie sprechen" solch ein Entsetzen aus, daß jeder Muskel schwach wird.

Wiederholen Sie das oben erwähnte Experiment, jedoch mit einem Unterschied: Die Testperson legt die Zunge gegen den Gaumen, die Spitze der Zunge soll dabei ungefähr einen halben Zentimeter hinter den oberen Schneidezähnen liegen. In den meisten Fällen werden Sie feststellen, daß der Muskel stark und somit die Energie intakt bleibt.

Was bedeutet das? Wenn die Testperson bei diesem einfachen Streßtest unbeeinflußt bleibt, ist sie das, was wir „zentriert“ nennen, oder anders ausgedrückt, ihre Energien sind „zentriert“ und sie ist nicht anfällig gegenüber Streß. Die ganze Zeit „zentriert“ zu bleiben, ist eines unserer Hauptziele. Die folgende Analogie ist hilfreich: Wenn ein Land dauernd in kleine Kriege und Plänkeleien verwickelt ist, stehen keine Reservetruppen zur Verfügung, wenn sie plötzlich bei einem größeren Angriff benötigt werden. Ähnlich geht es den meisten von uns: Unsere Energien sind über den ganzen Körper verstreut, die Energiereserve ist unzureichend. Werden wir plötzlich mit der Notwendigkeit einer Energiemobilisierung konfrontiert, gibt es keine Reserven, auf die wir zurückgreifen können. Sind wir jedoch „zentriert“, d.h. weist unsere Lebensenergie ein hohes Niveau auf und ist sie durch den Thymus sofort abrufbar, so wird bei plötzlichem Streß sofort das Richtige veranlaßt.

Viele Leute sind so „unzentriert“, daß schon so einfache Tätigkeiten wie das Reiben der Nase oder das Schwingen eines Golfschlägers eine Schwächung hervorrufen. Gehen Sie bei solch einer Person einen Schritt weiter und lassen Sie sie einfach die Tätigkeit *gedanklich* vollziehen. Auch in diesem Fall ist eine Schwäche des Indikatormuskels festzustellen.

Gehen Sie noch einen Schritt weiter. Lassen Sie die Testperson ihren Namen und Adresse zu sich selbst sagen; allein dadurch, daß sie diese (oder irgendwelche) Wörter zu sich selbst sagt, wird die Lebensenergie so stark erschöpft, daß der Muskel schwach wird.

Ich begegne diesem Phänomen manchmal bei Leuten, die Meditation praktizieren und dabei ein Mantra oder eine geistige Formel wiederholen. Wenn eine unzentrierte Person das Mantra sagt, schwächt sie sich tatsächlich selbst. (Sonderbarerweise bleibt sie stark, wenn sie die Tonhöhe ihrer inneren Stimme hebt oder senkt. Aber das ist eine andere Sache.)

Es ist ein unglaubliches Armutszeugnis für unseren Lebensstil, wenn Leute allein dadurch, daß sie „buh" hören oder ihren Namen und Adresse zu sich selbst sagen, ihrer Energie so beraubt werden, daß alle Körpermuskeln geschwächt werden. Ständiger Streß zieht die Energie von ihrem Sitz- oder Stützpunkt, der Thymusdrüse, ab. Aber es gibt, wie wir gesehen haben, einen einfachen Weg, der Schwächung durch Streß entgegenzuwirken. Wir können den Thymus durch Klopfen stimulieren oder ihn reflexartig aktivieren, indem wir die Zunge gegen den Gaumen legen, und zwar mit der Spitze an dem Punkt, den wir den „zentrierenden Knopf" nennen können.

Während eines Tennisspiels neigen die Spieler dazu, bei jedem „call“ des Schiedsrichters geschwächt zu werden. Hat jedoch ein Spieler seine Zunge auf dem „zentrierenden Knopf“ oder ist sein Thymus auf andere Art aktiviert worden, so hat der „call“ keinen Einfluß auf ihn. Mit dieser „zentrierenden“ Technik sind im Wettkampfsport schon beachtliche Ergebnisse erzielt worden. Der Grund: Man hat festgestellt, daß sich die Gehirnhälften im Gleichgewicht befinden, wenn die Zunge auf dem „zentrierenden Knopf“ liegt.

Während der letzten zehn Jahre hat man verstärkt versucht, die einzelnen Funktionen der Hirnhälften zu erforschen. Hier ist eine kurze Zusammenfassung: Bei Rechtshändern scheint die linke Hirnhälfte hauptsächlich für analytisches Denken und verbale Aktivitäten verantwortlich zu sein, während sich in der rechten Hirnhälfte die Felder für intuitive und künstlerische Tätigkeiten und für die Raumorientierung befinden (bei Linkshändern sind die Ergebnisse nicht so eindeutig). Die linke Hälfte verarbeitet Informationen nacheinander, die rechte Hälfte gleichzeitig.

Operationen, bei denen der „corpus callosum“, die Verbindung zwischen den Hirnhälften, ausgeschaltet wurde, ergaben Aufschlüsse über die speziellen Funktionen der beiden Hemisphären. Klinische Tests an diesen Patienten führten zu interessanten Erkenntnissen. Wenn man einer Testperson die Augen verband und einen Gegenstand in die rechte Hand gab, konnte sie das Objekt beschreiben; hielt sie es jedoch in der linken Hand, konnte sie es nicht. Sie konnte dann aber das Objekt, das sie in der linken Hand gehalten hatte, aus einer Reihe verschiedener Gegenstände herausfinden und zeigte so, daß sie es zwar erkannte, aber nicht darüber sprechen konnte. Man kann dies folgendermaßen erklären: Die Nervenstränge einer Körperseite kreuzen die Körpermittellinie und führen zur gegenüberliegenden Hirnhälfte. Unterbrach man nun die Verbindung zwischen den Hirnhälften, wurde die Information über den Gegenstand zwar von den Nervenfasern der linken Hand zur rechten Hemisphäre geleitet, gelangte aber nicht in die linke Hirnhälfte. Solche Tests bestätigten die Ergebnisse früherer Studien, daß die linke Hirnhälfte das Sprachzentrum beherbergt.

Lassen Sie uns nun selbst einmal die einzelnen Funktionen der Hirnhälften testen. In diesem Test, den wir „den Test für zerebrale Ausgeglichenheit" nennen, werden neben der Hirnrinde wahrscheinlich auch die darunterliegenden Bezirke des Gehirns miteinbezogen.

Suchen Sie sich eine Testperson mit starkem Indikatormuskel.

Die Person hält die rechte Hand mit der Handfläche nach innen, ungefähr fünf bis zehn Zentimeter von der linken Kopfseite entfernt in Ohrhöhe (siehe Abb. 13). Befindet sich die Person im Gleichgewicht, bleibt der Indikatormuskel stark (siehe Abb. 14); er bleibt auch stark, wenn die Person auf die beschriebene Art die rechte Hand auf der rechten Seite hält (siehe Abb. 15 und 16). Das sollte auch so sein. Stellen Sie dann eine mathema-

Abb. 13: Das Testen der zerebralen Ausgeglichenheit. Die Position der Hand an der linken Kopfseite. Achten Sie darauf, daß die Hand den Kopf oder das Haar nicht berührt. Die Handinnenfläche muß sich in Höhe des Ohres befinden, der Kopf muß gerade gehalten werden.

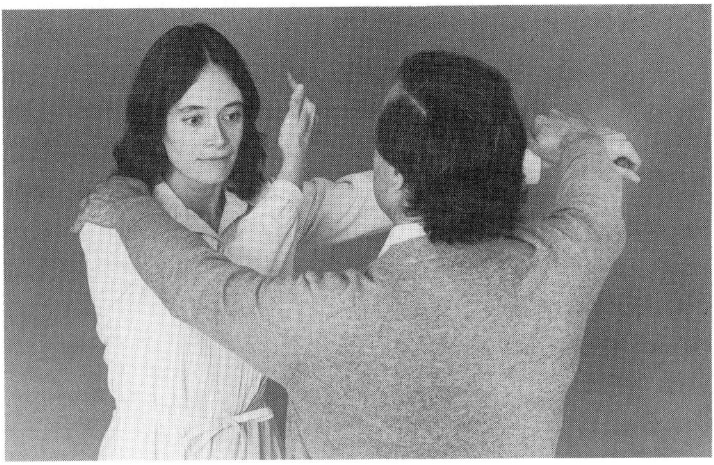

Abb. 14: Das Testen der linken Gehirnhemisphäre

Abb. 15: Das Testen auf zerebrale Ausgeglichenheit. Die Position der Hand beim Testen der rechten Gehirnhälfte.

Abb. 16: Das Testen der rechten Gehirnhemisphäre

tische Aufgabe wie z.B. 750 dividiert durch 25. Der Indikatormuskel wird schwach, sobald die Person die rechte Hand an die linke Kopfseite legt; er wird jedoch nicht schwach, wenn die Hand an die rechte Seite gehalten wird. Läßt man die Person an eine Melodie denken, so ist es genau umgekehrt: Der Indikatormuskel wird schwach, wenn man die Handfläche nahe dem rechten Ohr hält, aber nicht, wenn man sie nahe dem linken Ohr hält.

Der Grund: Wir testen hier nicht elektroenzephalographische Aktivität, sondern magnetische Phänomene.

Solche Tests sagen viel über das Verhalten in Streßsituationen aus. Das Beispiel eines Angestellten in der Telefonvermittlung, der unter extremem Druck arbeitet, verdeutlicht es. Er hat zwei Möglichkeiten: Er kann noch systematischer arbeiten, noch besessener werden und sich der Reihe nach um die Knöpfe kümmern, während sich die Anrufe häufen und der Druck größer wird. Dies wäre die Antwort der linken Hirnhälfte. Die rechte Hirnhälfte würde damit antworten, daß er sich in die Phantasie zurückziehen und quasi „alle Stekker herausziehen“ würde, bis die Anspannung sich gelegt hat.

Unsere Ergebnisse bestätigen dieses Bild. Bei Leuten, die schwach testen, wenn sie die Innenfläche der rechten Hand an die linke Kopfseite halten, dominiert die linke Hirnhälfte; sie tendieren dazu, auch unter beträchtlichem nervlichem oder seelischem Streß zu funktionieren. Im Gegensatz dazu dominiert die rechte Gehirnhälfte bei Leuten, die schwach testen, wenn sie die Hand an die rechte Kopfseite halten; sie neigen dazu, in die Phantasie zu flüchten und unangenehme Gefühle zu vermeiden.

Keine der beiden Lösungen ist jedoch zufriedenstellend. Streß sollte uns nie so stark belasten, daß eine der Gehirnhälften dominiert. Beide Hemisphären sollten immer zusammenarbeiten, was jedoch nur selten der Fall ist. Die meisten Leute sind links „schwach“, weisen also eine Dominanz der linken Hemisphäre auf, d. h. sie versuchen, mit zu viel Streß fertig zu werden. Sie sind in einen verbalen, intellektuellen Kampf mit der Umwelt verwickelt, geistig stark verkümmert, da ihnen die ästhetischen und intuitiven Aspekte ihrer Existenz, die Beiträge der rechten Hemisphäre, verloren gegangen sind.

Es ist nicht nur wünschenswert, es ist auch normal, daß die beiden Hemisphären ständig zusammenarbeiten, daß wir rhythmisch und melodisch sprechen, daß unsere Bewegungen fließend und voller Anmut sind, daß die Logik unserer Gedanken die Intuition und räumliche Wahrnehmung nicht ausschließt. Wenn beide Hirnhälften voll aktiv und aufeinander abgestimmt sind, sind wir kreativ und erleben die höchste Daseinsform des Menschen. Leider passiert dies nicht sehr oft. Es ist so selten der Fall, daß Patienten, bei denen die Verbindung der Hirnhälften operativ unterbrochen wurde, nur schwer von anderen Menschen unterschieden werden können, da bei „normalen“

Leuten die Hemisphären auch nicht zusammenarbeiten.

Die Behaviorale Kinesiologie erleichtert uns die Feststellung, welche Hemisphäre dominiert, indem sie Muster individueller Reaktionen auf Streß aufzeigt. Hat Streß zu extremer Dominanz der linken Hälfte geführt, zu besessener intellektueller Aktivität getrieben? Oder zu extremer Dominanz der rechten Hälfte, zu Wirklichkeitsflucht? Die Hemisphären sollten sich ständig im Gleichgewicht befinden. Stellt man z.B. einer stark „zentrierten“ Person eine mathematische Aufgabe, bleiben die Hirnhälften im Gleichgewicht, und die Schönheit und, in manchen Fällen, die Eleganz der Lösung kommen zum Tragen.

Man kann einwenden, daß sich die Hirnhälften zwar im Idealfall im Gleichgewicht befinden, aber wie soll man diesen Zustand unter dem täglichen Streß und Druck erreichen?

Befassen wir uns daher noch einmal mit der Thymusdrüse.

Wann immer ein Ungleichgewicht in der Funktion der beiden Gehirnhälften auftritt, wird die Aktivität des Thymus beeinträchtigt. Glücklicherweise trifft dies auch umgekehrt zu: Wenn der Thymus stimuliert wird, werden auch die Gehirnhälften in Balance gebracht. Folglich werden alle in diesem Buch erwähnten Faktoren, die die Aktivität des Thymus und somit die Lebensenergie erhöhen, zugleich auch unsere Gehirnhälften im Gleichgewicht halten, uns kreativ wirken lassen, es uns ermöglichen, das Leben als Ganzes zu erfahren, und außerdem Streß und Anspannung zu lindern. Die üblichen Verhaltensweisen bei Streß erzielen eigentlich das Gegenteil ihrer beabsichtigten Wirkung, denn wenn der Streß uns zwingt, mit sozusagen nur einer Gehirnhälfte zu arbeiten, ist es viel schwieriger, kreativ zu sein, das Problem zu lösen und so den Streß zu lindern. Zwei Gehirnhälften sind eben besser als eine!

Überprüfen Sie selbst den Effekt der Thymusaktivierung bei einer Person, die schwach testet, wenn sie die Hand an eine Kopfseite hält. Die einfachste Methode ist es, mehrere Male auf den Thymus zu klopfen. Ein anschließender zweiter Test wird voraussichtlich ergeben, daß sich die beiden Hemisphären im Gleichgewicht befinden. Es ist sogar möglich, diese Aktivierung noch zu verstärken.

Es gibt gewisse Aktivitäten, die scheinbar vorwiegend verbal sind und somit in den Aufgabenbereich der linken Hemisphäre zu fallen scheinen, aber in Wirklichkeit beide Hemisphären benötigen, d. h. sie erfordern das Funktionieren beider Hirnhälften. Eine dieser Tätigkeiten ist das Lesen von Lyrik. Führen Sie selbst einen Test durch.

Lassen Sie jemanden, der mit der Hand an der linken Kopfseite schwach testet, einen normalen Zeitungsausschnitt laut vorlesen. Gewöhnlich bleibt er schwach, die Hemisphären befinden sich noch nicht im Gleichgewicht. Lassen Sie ihn nun ein Gedicht auf normale, unrhythmische Art vorlesen, so wie den Zeitungsausschnitt. Die Hirnhälften werden sich noch immer nicht in Balance befinden. Lassen Sie ihn dann das Gedicht sehr rhythmisch vortragen (Lyrik mit starkem Grundrhythmus ist hier besonders geeignet). Testen Sie wieder. Sie werden feststellen, daß sich die Hemisphären im Gleichgewicht befinden. Ohne Zweifel sind beide Hirnhälften am Lesen von Gedichten beteiligt; es entsteht eine Kombination von verbalen Fähigkeiten der linken Hälfte mit den musischen und rhythmischen Qualitäten, die von der rechten Hälfte kontrolliert werden (sonderbarerweise ist der Unterschied beim Singen nicht so dramatisch; ich kann dies aber nicht erklären).

Eine weitere Aktivität, die die Hemisphären in Balance bringt, ist das Betrachten von Landschaftsgemälden, besonders der Bilder Turners. Bei Zeichnungen und Photographien sind die Ergebnisse nicht annähernd so zufriedenstellend. Eine schöne Aussicht in freier Natur kann ebenso effektiv sein; es hängt jedoch davon ab, ob der Betrachter einige Qualitäten daraus abstrahieren kann, was ein guter Maler in der Regel mit seinem Bild ja auch macht.

Ich habe festgestellt, daß Streß und Anspannung beträchtlich reduziert werden, wenn sich jemand gelegentlich eine „Energiepause" gönnt, um einfach einige Zeilen eines Gedichtes zu rezitieren oder das Bild einer Postkarte zu betrachten. Der Thymus wird stark, und die Lebensenergie wird geweckt. Die Wirkung wird noch erhöht, wenn man zugleich auf den Thymus klopft. Versuchen Sie es einmal.

Eine sehr alltägliche Aktivität, die zu einem Ungleichgewicht der Hemisphären führt, ist das Telefonieren. Wenn Sie den Hörer am linken Ohr halten, werden Sie feststellen, daß Sie während des Telefongesprächs und einige Zeit danach schwach testen, wenn Sie die Innenfläche der rechten Hand von der linken Kopfseite weghalten. Anscheinend führt das Hören mit dem linken Ohr zu einer Dominanz der linken Hirnhälfte; umgekehrt dominiert die rechte Hemisphäre, wenn man den Hörer am rechten Ohr hält. Die Lösung: Wechseln Sie öfter das Ohr. Sie können auch ab und zu auf den Thymus klopfen oder eine Energiepause machen.

„Switching" ist ein Ausdruck, der von Goodheart geprägt wurde, um einen bestimmten Zustand körperlicher Verwirrung zu beschreiben. In der Behavioralen Kinesiologie manifestiert sich im „Switching" deutlich eine Unausgeglichenheit der Hemisphären.

Führen Sie einmal den folgenden Test durch. Lassen sie jemanden einen Abschnitt lesen; unterbrechen Sie ihn dann und testen Sie ihn sofort „ohne Testberührung" (siehe Kap. 3). Höchstwahrscheinlich ist sein Indikatormuskel schwach. Lassen Sie ihn dann den Abschnitt rückwärts lesen, Wort für Wort; ein erneutes Testen wird keine Muskelschwäche zeigen. Die Asymmetrie der Hemisphären hat eine bizarre Art von Dyslexie (leichte Leseschwäche) erzeugt. Wenn nun die Asymmetrie *diese* Unausgeglichenheit erzeugt, wie der schwache Indikatormuskel zeigt, so muß sie auch andere subtile, aber nicht unbedeutende Wahrnehmungsschwierigkeiten hervorrufen; und eben von diesen Wahrnehmungsschwierigkeiten, die zu einem vagen Gefühl der Verwirrung führen, ist mir ständig berichtet worden.

Carl Delacato[17] bemerkte als erster, daß bei vielen Kindern mit neurologischen Problemen, besonders mit Sprach- und Leseproblemen, eine Zurückentwicklung zu oder eine Fixierung auf eine frühe Stufe der Fortbewegung und damit der neurologischen Organisation vorliegt. Wenn ein Baby zu kriechen beginnt, kriecht es auf die sogenannte „homolaterale" (seitengleiche) Art: Es bewegt den linken Arm und das linke Bein (und den rechten Arm und das rechte Bein) zugleich, wie eine Eidechse oder speziell darauf trainierte Pferde. Mit der Zeit erreicht das Baby jedoch eine höhere Stufe neurologischer Integration, seine Bewegungen werden gegengleich (linker Arm, rechtes Bein und umgekehrt); es ist das überkreuzte Bewegungsschema unseres normalen Ganges. Befindet sich nun jemand im Zustand des „Switching", neigt er dazu, auf die Stufe der homolateralen Fortbewegung zurückzufallen. Wenn Sie z. B. jemanden bitten, sich forsch zu entfernen, wird er höchstwahrscheinlich Arm und Bein derselben Seite bewegen. Die homolaterale Gangart kann einen Menschen leicht in den Zustand des „Switching" versetzen. Überprüfen Sie es selbst bei jemandem, dessen Hemisphären sich im Gleichgewicht befinden und dessen Indikatormuskel und Thymuspunkt stark sind, wenn er vorwärts und rückwärts liest. Lassen Sie ihn dann ein Stück gehen, wobei jeweils das linke Bein und der linke Arm sowie das rechte

Bein und der rechte Arm vorn sind. Testen Sie ihn noch einmal. Sie werden feststellen, daß der Thymus jetzt schwach ist, die Hemisphären sich im Ungleichgewicht befinden und außerdem der Indikatormuskel schwach wird, wenn er *vorwärts* liest. Eine primitive neurologische Organisation hat die reifere verdrängt!

Bei Menschen, die ständig Streß ausgesetzt sind, kann der Zustand des „Switching" schon zu einem Normalzustand geworden sein. Eine übliche Behandlungsmethode beinhaltet dann, sie dazu zu bringen, nach dem gekreuzten Bewegungsmuster zu gehen und zu kriechen. Diese Übung sollte, zusammen mit dem rhythmischen Rezitieren von Dichtung, dem Betrachten von Landschaftsbildern, unterstützt vom Klopfen auf den Thymuspunkt, die meisten Unausgeglichenheiten der Hemisphären und die Neigung zum „Switching" beseitigen.

Es gibt viele alltägliche Aktivitäten, die „Switching" und eine damit verbundene neurologische Dysorganisation verursachen. Sie können auch kaum wahrnehmbare Arten geistiger Verwirrung hervorrufen und so zu einer Zunahme des Streß und Verschlimmerung der Situation führen. Hier sind einige Beispiele:

Gymnastische Übungen fördern das „Switching", wenn sie folgende Bewegungen beinhalten: beide Arme und/oder beide Beine gleichzeitig; linker Arm und linkes Bein oder rechter Arm und rechtes Bein gleichzeitig. Am deutlichsten wird dies bei den altmodischen Hampelmannbewegungen. Allein schon der Gedanke an die Bewegung bringt Sie zum „Switching". Diese Tatsache beweist, daß „Switching" nicht ein Feedback der Muskeln ist, sondern vom Gehirn ausgeht. Weitere gängige Übungen, die zu geistiger Unausgeglichenheit führen, sind Gewichtheben und Ruderbewegungen. Suchen Sie sich deshalb Übungen aus, bei denen die gegenüberliegenden Arme und Beine oder nur ein Arm auf einmal bewegt werden. Forsches Gehen mit dem rechten Arm und dem linken Bein gleichzeitig vorn und umgekehrt ist eine der besten Übungen.

Solche Übungen stärken wirklich, was ja schließlich auch ihr Zweck ist. Wenn Sie oft Streß ausgesetzt sind und zum „Switching" neigen, kann Ihnen schon der Gedanke an gegengleiches Gehen beträchtlich helfen.

Auch Fahrradfahren kann „Switching" verursachen. Klopfen Sie deshalb von Zeit zu Zeit auf den Thymuspunkt, wenn Sie mit dem Rad unterwegs sind.

Haben Sie sich einmal gefragt, warum für fast alle Tennisspieler der Rückhandschlag so viel schwieriger ist als der Vorhandschlag? Ein Grund liegt darin, daß bei einem Rückhandschlag wahrscheinlich „Switching" ausgelöst wird. Wir kommen hier wieder auf den Unterschied zwischen gleichseitiger und gegengleicher Gangart zurück. Bei einem Vorhandschlag werden vorwiegend das linke Bein und der rechte Arm nach vorn bewegt; es ist also ein im wesentlichen gegengleicher Schritt, der für uns normal ist. Der Rückhandschlag jedoch beinhaltet hauptsächlich eine Vorwärtsbewegung mit dem rechten Bein und dem rechten Arm gleichzeitig; es ist also im wesentlichen ein homolateraler (gleichseitiger) Schritt. Um die Neigung zum Switching auszuschalten, kann ein Tennisspieler auf die verschiedenen Techniken, die in diesem und anderen Kapiteln beschrieben werden, zurückgreifen.

Ein weiterer zu berücksichtigender Gesichtspunkt beim Tennis ist die Tatsache, daß es ein Spiel ist, in dem man zwar beide Beine, aber nur eine Hand belastet. Bei Rechtshändern führt die einseitige Beanspruchung zu einer zerebralen Unausgeglichenheit, wobei die linke Hemisphäre dominiert (denn die rechte Hand aktiviert die linke Hirnhälfte); das bedeutet für den Spieler Streß und „Switching"-Probleme. Nimmt man aber den Schläger nach jedem Ballwechsel in die linke Hand und führt ein paar Schläge aus, so aktiviert man die rechte Hemisphäre und erreicht damit zerebrale Ausgeglichenheit und Zentrierung.

Eine schlechte Körperhaltung, der ich ein eigenes Kapitel widme, kann ebenso zu Unausgeglichenheiten führen. Körperbewegungen und -haltungen sind jedoch nicht die einzigen Ursachen dieses Problems. Kreuzt z. B. Metall die Mittellinie des Körpers, besonders in der Kopf- und Halsregion, wo die Energiekanäle (Meridiane) dicht aneinander liegen, kommt es leicht zum Switching; dies ist aber nicht der Fall, wenn das Metall einen geschlossenen Kreis bildet wie z. B. eine Halskette. Leute mit Zahnprothesen, die die Mittellinie kreuzen, mögen sich darüber beklagen, daß sie sich verwirrt und gereizt fühlen und daß sie weniger klar denken können als früher. Wenn die Fixierung der Zahnprothese geändert wird, so daß sie nicht länger die Mittellinie kreuzt, erleben diese Leute eine enorme Verbesserung und befinden sich nicht länger im „Switching". So berichtete mir eine Frau, daß sie zum ersten Mal seit fünfzehn Jahren, seit sie ihre Zahnprothese trägt, des Morgens aufwache und genau wisse, wo sie ist. Zuvor hatte sie immer einige Minuten gebraucht, um ihre Gedanken zu ordnen und sich zu sammeln.

Der Switching-Effekt von Metall kommt bei Gürtelschnallen übrigens nicht zum Tragen, da die Energiekanäle im Bereich der Taille zu weit auseinander liegen. Dagegen rufen Brillen mit Metallrahmen mit Sicherheit den Effekt hervor. Ironischerweise können Leseprobleme durch genau die Hilfsmittel, die sie eigentlich lösen sollten, verschlimmert werden. Die Umstellung auf Kunststoffrahmen hat da schon vielen Patienten Besserung verschafft.

Nicht zentriert zu sein, zerebrale Unausgeglichenheit und Switching sind Manifestationen von Streß, die zu einer Verminderung der Lebensenergie führen. Ich habe Ihnen in diesem Kapitel einige einfache Techniken aufgezeigt, um diesen Beschwerden entgegenwirken zu können. Gewöhnen Sie sich an, sich einige Male am Tag eine Energiepause zu gönnen. Lesen Sie einige Zeilen eines Lieblingsgedichts und genießen Sie den Anblick eines Bildes in Postkartengröße, das Sie leicht in Ihrer Tasche mit sich führen können. Gehen Sie mit frei schwingenden Armen. Wenn Sie merken, daß der Streß größer wird, sollten Sie die Zunge auf den „zentrierenden Knopf" legen und auf den Thymuspunkt klopfen. Ihr Körper wird sofort antworten. Sie werden noch mehr Streß reduzierende Techniken kennenlernen, wenn die Umweltfaktoren, die unsere Lebensenergie beeinflussen können, diskutiert werden.

6. Ihre Emotionen und Ihr Thymus

„Enlightened love is the universal medicine."
(Erleuchtete Liebe ist die universale Medizin.)
Manly P. Hall

Der Thymus ist, wie meine bisherigen Ausführungen zeigen, das erste Organ, das von der seelischen Verfassung auf der Energieebene beeinflußt wird. Dieser Effekt, der sofort eintritt, ist leicht zu demonstrieren. Lassen Sie jemanden, dessen Thymuspunkt sich im Test als schwach erweist, an eine Person, die er liebt, oder an etwas Angenehmes wie z.B. ein Sonnenbad am Strand denken. Was auch immer die Testperson sich vorstellt, das gedankliche Bild stärkt den Thymus sofort. Bitten Sie dann Ihren Partner, an eine Person, die er haßt, oder an etwas Unangenehmes wie z.B. Krankheit zu denken; der Thymus wird wieder schwach.

Wir haben hier also eine weitere Aktivität, die Sie in Ihre Energiepause einbauen können oder auf die Sie bei Angstzuständen, Aufregung sowie Streß zurückgreifen können. Prüfen Sie, welcher Gedanke am effektivsten Ihren Thymus stärkt. Das ist Ihr *Zielgedanke*, zu dem Sie oft zurückkehren sollten.

Leider funktioniert der Thymus bei 95 Prozent der von mir getesteten Patienten nur schlecht. Daraus kann man folgern, daß die meisten von uns mit zu vielen unangenehmen Aspekten und haßerzeugenden Situationen und zu wenig angenehmen und liebevollen Situationen konfrontiert werden. Kurz gefaßt: zu viele Probleme, zu wenig Sonnenbaden; zu viele Leute, die wir hassen; nicht genug Leute, die wir lieben.

Ein junger Mann, bei dem man Krebs diagnostiziert hatte, kam zu mir und bat mich um eine ganzheitliche Therapie. Im Verlauf des Gesprächs fragte ich ihn: „Hassen Sie jemanden?" „Ich verabscheue und hasse meine Mutter", antwortete er. Als ich dann seinen Thymus testete, war dieser schwach. Ich sagte ihm: „Solange Sie Ihre Mutter hassen, wird dieser Haß die Aktivität Ihres Thymus und somit Ihre Lebensenergie so beeinträchtigen, daß Sie nie völlig gesund werden." „Ich würde eher sterben als aufhören, meine Mutter zu hassen", antwortete er darauf. Und das war dann auch schon das Ende der Sitzung.

Die Emotionen, die den Thymus schwächen, sind Haß, Neid, Mißtrauen und Angst; Liebe, Vertrauen, Mut und Dankbarkeit aktivieren dagegen die Drüse. Diese positiven Gefühle sind unsere tiefsten und schönsten Emotionen.

Kein Mensch kann ständig positive Gedanken und Einstellungen haben, aber jeder kann sie zumindest die meiste Zeit haben, denn es ist vorwiegend eine Frage des Wollens, dessen Bedeutung in der heutigen Psychiatrie leicht übersehen wird. Ich dagegen glaube, daß wir nur dann von unserem Unterbewußtsein regiert werden, wenn wir es auch so *wollen*. Haben uns aber einmal die BK-Tests davon überzeugt, daß haßerfüllte und destruktive

Gedanken unsere Lebensenergie *(thymos)* schwächen, während positive Gedanken sie stärken, dann liegt die Entscheidung darüber, welchen Weg wir einschlagen, allein bei uns. Das soll aber nicht heißen, daß wir unsere negativen Gedanken unterdrücken, sondern daß wir sie in positive umwandeln. Sicherlich ist dies schwierig, aber es sollte unser Ziel sein, denn die BK-Tests bestätigen, daß solche Veränderungen einen heilsamen Einfluß auf die Thymusaktivität ausüben. Es kommt darauf an, unsere Einstellungen zu ändern, und das machen wir zu unserem eigenen als auch zum Wohl anderer. Selbst zu lieben wirkt sich ebenso positiv auf uns aus wie geliebt zu werden. Wenn wir anderen gegenüber Haß verspüren, wird unsere Lebensenergie geschwächt; Liebe weckt sie dagegen. Überprüfen Sie es selbst. Es ist nicht leicht, Haßgefühle in Liebesgefühle umzuwandeln, aber es ist ein Schritt zur Gesundheit.

Die Frage der negativen Emotionen hat weitreichende Bedeutung. Es ist ein Axiom (Grundsatz) der meisten psychologischen Richtungen und ebenso der modernen Psychiatrie, daß wir alles rauslassen sollten, daß wir unsere Gefühle offen ausdrücken sollten. Hinter dieser Forderung steckt die Vorstellung, daß wir dadurch, daß der ganze psychopathologische „Eiter“ aus uns herausgedrückt wird, geheilt werden. Ich werde nie den Fall eines schizophrenen Patienten vergessen: Nach der ersten Therapiesitzung ging er zur Tür, sagte sehr höflich: „Danke, Herr Doktor“, ließ dann seine Hose herunter, defäkierte auf meinen

Teppich und dankte mir noch einmal, bevor er schließlich den Raum verließ. Solch eine Veränderung ist meiner Meinung nach *nicht* das Ziel der Psychotherapie. Sie soll vielmehr dem Patienten helfen, seine negativen Gefühle nicht herauslassen zu müssen, sondern sie in positive umzuwandeln.

Ein gutes Beispiel ist der Fall einer jungen, verheirateten Frau, die seit ungefähr sechs Monaten bei mir in Behandlung war. Zu Beginn der Therapie funktionierte ihr Thymus nur unzureichend; ein weiteres Problem war die ständige Schwäche des Herz-Meridians, der nach meinen Erkenntnissen gewöhnlich mit dem Gefühl des Ärgers in Verbindung steht. Die Frau hatte Eheprobleme, sie ärgerte sich oft über ihren Mann, was zu einer ständigen Energieunausgeglichenheit im Herz-Meridian führte. Therapie und die Einnahme von Thymuszusätzen hatten inzwischen die Thymusdrüse dauerhaft gestärkt, aber sie hatte immer noch Probleme mit dem Herz-Meridian. Eines Tages kam sie zu mir und sagte: „Herr Doktor, ich fühle mich so zufrieden mit mir selbst. Gestern abend konnte ich zum ersten Mal meinem Mann meinen Ärger offen sagen.“ Sie berührte den Testpunkt für den Herz-Meridian (er befindet sich 1½ bis 2½ cm unterhalb des unteren Brustbeinendes).

Der Meridian war stark, aber ein Test der Thymusdrüse ergab, daß sie nun schwach war.

Sie klopfte einige Male auf ihren Thymuspunkt (siehe Kap. 3), was die Drüse wieder stark werden ließ. Daraufhin sagte ich zu ihr: „Denken Sie daran, daß Sie sich über Ihren Mann ärgern.“ Jetzt war wieder der Herz-Meridian schwach! Als Nächstes gab ich ihr die Anweisung: „Denken Sie daran, daß Sie den Ärger wirklich herauslassen, daß Sie ihn wirklich ausdrücken, wie gestern abend." Nun war der Thymus schwach. Ihr Herz-Meridian war zwar stark, aber allein der Gedanke, ihren Mann zur Schnecke zu machen, löste trotz Therapie und der Gabe von Thymusextrakten eine Energieunausgeglichenheit der Thymusdrüse aus. Sie war nun schlechter dran als zuvor, denn die begrenzte Unausgeglichenheit der Meridianenergie hatte sich zu einem generellen Ungleichgewicht der gesamten Körperenergie entwickelt. „Ich verstehe, was passiert ist", sagte sie. „Aber was soll ich jetzt machen?" „Konzentrieren Sie sich darauf, den Ärger in Versöhnlichkeit, Verständnis und Liebe umzuwandeln. Erkennen Sie, daß Ihnen zwar viele Dinge an Ihrem Mann nicht gefallen, daß Sie ihn aber als Person lieben", riet ich ihr. Nachdem ihr dann diese Veränderung in ihrer grundlegenden Einstellung gelungen war, waren Thymus und Herz-Meridian stark. Und seit dieser Zeit hat die Ehe einen enormen Aufschwung erlebt.

Wenn Sie nicht glauben, daß Psychotherapie, so wie sie gewöhnlich praktiziert wird, schwächend wirkt, so führen Sie einmal den folgenden Versuch durch: Lassen Sie Ihren Thymus durch Testberührung testen. Er sollte stark sein. Falls er schwach ist, aktivieren Sie ihn durch mehrmaliges leichtes Klopfen. Beginnen Sie dann mit jemandem zu sprechen, so als wenn er ihr Psychiater wäre. Erzählen Sie ihm über die Schwierigkeiten mit Ihrem Ehepartner, über das schlimme Verhalten Ihres Chefs etc. Testen Sie dann wieder. Sie werden feststellen, daß Ihr Thymus sofort schwach geworden ist. Bedenken Sie einmal, daß Sie jahrelang eine Therapie mitmachen können, daß Sitzung für Sitzung Ihr Thymus geschwächt wird, da Sie sich ständig mit dem Negativen befassen. Sie mögen aus der Therapie mit einem besseren Verständnis für Ihre Probleme herauskommen, aber das Endergebnis wird eine Erschöpfung Ihrer Lebensenergie sein.

Sie werden fragen, ob die Psychotherapie nicht gerade darauf abzielen sollte, das, was nicht stimmt, zu diskutieren, um es so zu beseitigen (heilen)? Natürlich sollen Sie das, was nicht stimmt, ausdrücken, aber es soll nicht diskutiert, analysiert und „aufgearbeitet" werden. Bringen Sie Ihre negativen Gefühle zur Sprache und verwandeln Sie sie auf der Stelle in positive. Wenn Ihnen das gelingt, werden Sie den Sitzungsraum mit leichterem Schritt und einem Lächeln im Gesicht verlassen. Denken Sie auch einmal positiv über Ihren Therapeuten. Je mehr Sie sich auf positive Emotionen konzentrieren, desto weniger wird er leiden, da er, wenn er mitfühlend ist, wahrscheinlich auch in gewissem Maß von Ihrer Energieunausgeglichenheit beeinflußt wird (mehr über diesen Aspekt in Kap. 7).

Neben der Veränderung unserer Einstellungen gibt es noch eine Möglichkeit, unsere Emotionen zu kontrollieren: unsere Gestik und Mimik. Zwei

Abb. 17: Die Madonna"- oder Thymus-Geste. Murillo „Die Vision des St. Felix von Cantalicio"

mehr universale Gesten sind das Nicken mit dem Kopf zum Zeichen der Zustimmung und das Schütteln des Kopfes zum Zeichen der Ablehnung. Alle Gesten stehen mit spezifischen Meridianen in Verbindung; bei den Gesten der Zustimmung und der Ablehnung ist der Thymus selbst das Zentrum, das Energieunausgeglichenheiten im Meridiansystem überwacht.

Dies kann leicht demonstriert werden. Bitten Sie jemanden, dessen Thymus schwach ist, einige Male mit dem Kopf zu nicken; der Thymus wird stark. Machen Sie es dann umgekehrt: Bitten Sie jemanden, dessen Thymus stark ist, mit dem Kopf zu schütteln; der Thymus wird schwach.

Die ausdrucksvollste Geste der Zuneigung ist das Ausstrecken der Arme zur Umarmung; diese „Madonna"-Geste führt bei einem verängstigten Kind oder einer beunruhigten Person zu sofortiger Stärkung des schwachen Thymus. Ebenso wirkt sie sich positiv auf die Person aus, die auf diese Art ihre Liebe zeigt. Machen Sie deshalb die Thymus-Geste, wie ich sie nenne, wenn Sie sich gestreßt fühlen, oder stellen Sie sich die Geste gedanklich vor. Denken Sie in beiden Fällen an das damit verbundene Ausströmen der Liebe.

Wir haben schon immer gewußt, wie schön und wohltuend ein Lächeln sein kann. Jetzt können wir aber auch den therapeutischen Wert des Lächelns beweisen, je sogar demonstrieren. Der für das Lächeln verantwortliche Muskel ist der „M. zygomaticus major". Ein wahres Lächeln schließt jedoch auch die Muskeln des unteren Augenlides ein, an-

Abb. 18: Die Thymus-Geste

Abb. 19: Ein weiteres Beispiel für die Thymus-Geste. Vincent van Gogh, „Die ersten Schritte".

dernfalls ist es ein kaltes Lächeln, wie das Lächeln eines Spielers. So wie andere Muskeln mit spezifischen Meridianen in Verbindung stehen, ist der „M. zygomaticus major" mit der Thymusdrüse assoziiert.

Lassen Sie eine Person, deren Deltamuskel beim Thymustest schwach wird, lächeln. Es wird eine Stärkung eintreten. Denselben Stärkungseffekt kann man erzielen, wenn man, anstatt die Testperson lächeln zu lassen, ihr leicht in die Wange kneift, wie man es bei einem Baby machen würde. Rezeptoren in der Haut über dem Lachmuskel scheinen den Mechanismus auszulösen. Sie haben den Körper mit einem Trick dazu gebracht, zu glauben, er habe gelächelt.

Kneifen Sie nun leicht in zwei andere Punkte. Sie befinden sich an der Kinnseite, dort, wo bei traurigen Leuten oft die Mundwinkel hinzeigen. Die Sensoren der Testperson werden getäuscht, es wird der Eindruck vermittelt, daß die Person traurig aussieht und sich so fühlt, als ob sie niedergeschlagen wäre.

Nicht nur bei der Testperson, sondern auch bei Ihnen, dem Testenden und bei jedem Zuschauer wird der Thymus schwach. Diese „Hoch-Schalter“ und „Tief-Schalter“ beeinflussen nicht nur die Leute, die sie „drücken“, sondern auch jeden, der sie anschaut. (Es sind die dicken Punkte auf der graphischen Darstellung.)

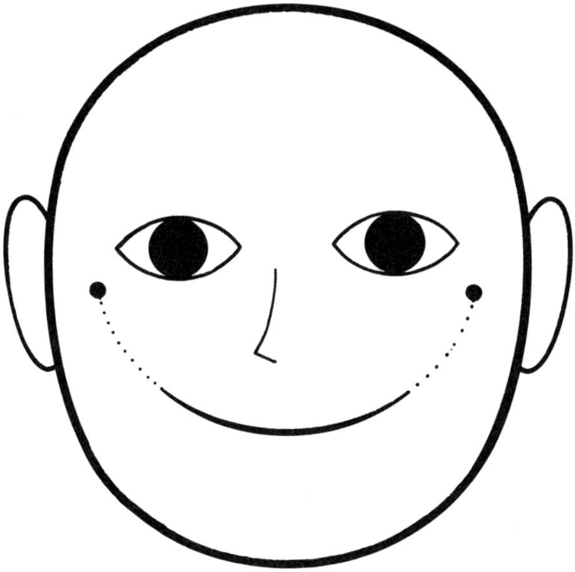

Es gibt eine weitere Möglichkeit, den Körper zu täuschen. Hier ist die einfache Darstellung eines lächelnden Gesichts.

Lassen Sie jemanden, dessen Thymus schwach ist, auf das Gesicht schauen, während Sie weitertesten.[18] Er wird stark. Lassen Sie nun jemanden, dessen Thymus stark ist, auf die Abbildung des traurigen Gesichts schauen. Sein Thymus wird beim Testen schwach sein.

Wir können noch weiter abstrahieren. Lassen Sie eine Testperson auf eine aufwärts verlaufende Linie oder eine abwärts verlaufende Linie schauen. Die Ergebnisse werden gleich sein.

Diese Symbole stecken in uns. Wir verwenden sie ständig, um Menschen, mit denen wir in Kontakt kommen, zu beurteilen. Wir fragen uns: Mögen sie mich? Mögen sie mich nicht? Sind sie traurig? Sind sie glücklich? Es sind subtile Anhaltspunkte, mit deren Hilfe wir beurteilen und beurteilt werden.

Betrachten Sie einmal die beiden Zeichnungen unten. Während die obere Ihre Lebensenergie nicht schwächt, ist es bei der unteren der Fall. Worin liegt nun der Unterschied?

Die untere Abbildung enthält Sanpaku-Augen[19], die ein Kennzeichen vieler berühmter Leute wie z. B. John F. Kennedy, Abraham Lincoln und Marilyn Monroe sind. *San* bedeutet im Japanischen: drei, und *paku*: Seiten. Der Begriff drückt also aus, daß auf drei Seiten der Pupillen Weiß zu sehen ist. In der traditionellen Medizin Japans gelten diese Augen als Zeichen für wenig Lebensenergie. Wenn wir jemanden mit Sanpaku-Augen anschauen, werden wir tatsächlich geschwächt, außer wenn unser Thymus stark genug ist, um uns zu schützen.

Bedenken Sie, wie subtil diese Anhaltspunkte sind. Das dritte Bild (siehe unten) enthält wie das zweite Sanpaku-Augen; Sie werden jedoch nicht schwach, wenn Sie es betrachten. Der Grund: Bei einer gewissen Augenstellung ist es normal, daß man das Weiß des Augapfels unterhalb der Pupil-

len sieht, nämlich beim Nachobenschauen. Die Falten auf der Stirn in dieser Abbildung zeigen an, daß die Person nach oben schaut.

Beim zweiten Bild reagieren Sie auf eine Person mit wenig Energie, beim dritten sagen Sie sich aber: „Diese Person ist nicht schwach. Es ist eine normale Person, die nach oben schaut." Diese Reaktionen zeigen, daß schon diese kleinen Zeichnungen ausdrucksstarke Symbole sind, die uns äußerst unterschiedliche Botschaften übermitteln können.

Wenn Sie Sanpaku-Augen haben, ist es notwendig, Ihren Thymus zu stärken und dadurch Ihre Lebensenergie zu erhöhen. Eine der besten Methoden ist häufiges Lächeln; doch scheint es einigen Leuten schwerzufallen. Es ist für sie ein Gefühl, als wenn ihre Lachmuskeln „angekurbelt" werden müßten. Wenn wir in die mittleren Jahre kommen, beginnen unsere Gesichtsmuskeln zu erschlaffen und herunterzuhängen. Bei einigen Leuten ist dies stärker ausgeprägt, sie haben dann wirklich, vom mechanischen Standpunkt gesehen, Schwierigkeiten zu lachen. Darüber hinaus bekommen sie mit zunehmendem Alter das Gefühl, daß es nichts zu lachen gibt. An diesem Punkt können wir uns nun fragen: Ist uns nach Lachen zumute, wenn unsere Gesichtsstruktur es erleichtert, oder erleichtert der Wunsch nach Lachen den physischen Akt des Lachens.

Ich vermute, daß es ein Kreislauf ist. Wie es aber auch sein mag, wenn es uns schwerfällt, spontan zu lachen, fehlt uns ein bedeutender Mecha-

Abb. 20: Beachten Sie Lincolns Sanpaku-Augen

nismus zur ständigen Aktivierung des Thymus und somit zur Stärkung unseres Körpers. „Ein Lächeln wischt die Tafel sauber."

Demonstrieren wir einmal den schwächenden Effekt schlaffer Gesichtsmuskeln. Bitten Sie jemanden mit starkem Thymus, er möge versuchen, niedergeschlagen dreinzuschauen, indem er alle Gesichtsmuskeln hängen läßt. Sein Thymus wird schwach. Solch ein trübsinniger Blick übt jedoch keinen negativen Effekt auf die Thymusdrüse aus, wenn man die Zunge an den „zentrierenden Knopf" legt. Es ist also außerordentlich wichtig, daß sich die Zunge in dieser Position befindet, schließlich ist es die normale Zungenstellung. Der gesamte Körper wird durch die Verbindung von „zentrierendem Knopf" und dem Energiesystem und somit natürlich der Lebensenergie harmonisiert.

Schlaffe Gesichtsmuskeln können die Folge einer unzureichenden Ausbildung der Gaumenwölbung sein, des Bogens, der die obere Zahnreihe enthält. Es gibt zwei Gründe für die mangelhafte Entwicklung: Zum einen ist falsches Stillen des Babys mit der Flasche (und auch häufig mit der Brust) verantwortlich. In diesem Fall wird die Zunge im Mund heruntergedrückt. In der normalen Stellung am Gaumen übt dagegen die Zunge einen ständigen Druck aus, der durch Schlucken noch verstärkt wird; dieser Druck ist für die Ausbildung der Wölbung nach allen Seiten notwendig. Liegt die Zunge schlaff am Boden der Mundhöhle, wird die Entwicklung beeinträchtigt.

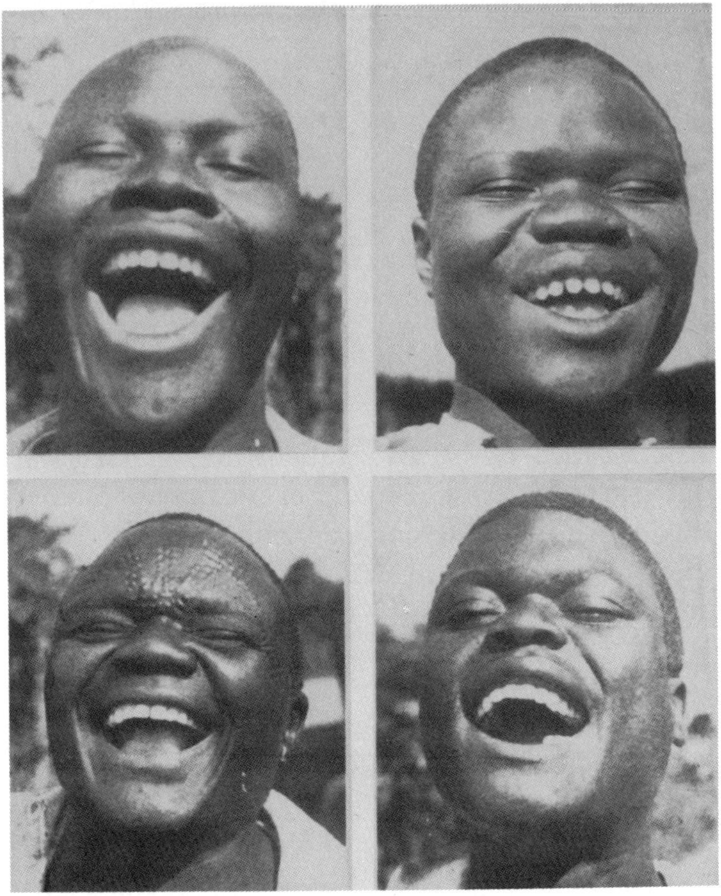

Abb. 21: Ein Beispiel für die breiten Gaumenbögen „primitiver" Menschen

Der zweite Grund liegt in einer Unterernährung der Mutter. In den dreißiger und vierziger Jahren studierte ein Zahnarzt names Weston Price das Leben vieler „primitiver" Rassen auf der ganzen Welt. Er stellte fest, daß es jedes Mal, wenn die gewöhnliche Ernährung durch eine „moderne" (weißes Mehl, raffinierter Zucker, geschälter Reis etc.) ersetzt wurde, *bei derselben Generation* einen enormen, zuvor unbekannten Zahnverfall gab. Außerdem nahm die Größe der Gaumenwölbung und des Oberkiefers innerhalb einer Generation beträchtlich ab.[20]

Die palatale Wölbung bildet sich im Uterus nach 8½ Wochen, zu einem Zeitpunkt also, wenn der Fötus nur zwei bis drei Zentimeter groß ist. Bei unzureichender Ernährung nimmt der Bogen eine hohe und enge Form an, nicht eine breite und abgerundete. Diese fehlerhafte Entwicklung ist einer der höchsten Preise, den wir für unsere „Zivilisation" zahlen. Den meisten von uns fällt das Lachen schwer. Das soll nun aber nicht heißen, daß ein enges Gesicht ein leichtes Lächeln ausschließt; denn die palatale Wölbung kann trotzdem die richtige Proportion zum übrigen Kopf aufweisen und den Lachmuskeln genügend Spielraum bieten. Ich möchte lediglich sagen, daß ein enges Gesicht, besonders im unteren Teil, einen unzureichend ausgeprägten Gaumenbogen vermuten läßt. Beispiele für breite Gesichter sind in Weston Prices Buch abgebildet (siehe Abb. 21); die Leute scheinen die ganze Zeit zu lachen.

Lassen Sie uns das Problem der Gesichtsstruktur einmal auf andere Art angehen.

Suchen Sie sich eine Testperson mit schwachem Thymus. Stecken Sie auf jeder Seite einen Wattebausch zwischen die obere Zahnreihe und die Backen und testen Sie dann noch einmal. Der Thymus ist stark. Die Dehnung des Lachmuskels allein reichte aus, Energieprobleme zu lösen. Wie der Wattebausch haben übrigens auch einige zahnmedizinische Vorrichtungen, die mittlerweile entwikkelt wurden, dieselbe vorteilhafte Wirkung.

Kann die Gaumenwölbung mechanisch erweitert werden? Während es bei Erwachsenen sehr schwierig ist, kann man bei Kindern einen sehr effektiven kieferorthopädischen Eingriff vornehmen, der leicht durchzuführen ist.

Ich habe in meinen Vorlesungen immer wieder betont, daß das schönste Geschenk einer Mutter an ihr ungeborenes Kind eine gute geformte Gaumenwölbung ist; denn wenn die Lachmuskeln die richtige Spannung aufweisen, wird dem Kind das Lachen leicht fallen. Und mit jedem Lachen werden Energieprobleme im Körper ausgeglichen und korrigiert und somit die Lebensenergie geweckt. Je leichter das Lachen fällt, desto mehr wird es lachen, desto eher ist ihm nach Lachen zumute, desto glücklicher wird es sein und desto glücklicher wird es andere Leute machen.

Deshalb lachen Sie. Denken Sie an Dinge, die Sie zum Lachen bringen. Und wenn das nicht klappt oder wenn Ihnen gerade nicht nach Lachen zumute ist, können Sie immer noch in Ihren „Hochschalter“ kneifen.

7. Die Menschen um Sie herum (Ihr soziales Milieu)

„We have lost the art of living; and in the most important science of all, the science of daily life, the science of behavior, we are complete ignoramuses!"
(„Uns ist die Kunst des Lebens verlorengegangen; und hinsichtlich der bedeutendsten Wissenschaft, der Wissenschaft vom täglichen Leben, der Wissenschaft vom Verhalten, sind wir völlige Ignoranten!")

D. H. Lawrence

Wir werden viel leichter von den Menschen um uns herum beeinflußt, als wir glauben. Führen wir zur Verdeutlichung dieser Tatsache einen einfachen Test durch.

Suchen Sie sich zwei Testpersonen, eine mit schwachem und eine mit starkem Thymus. Die beiden Personen sitzen nebeneinander, ohne sich besondere Beachtung zu schenken. Wenn Sie nun die Thymusdrüse testen, werden Sie keine Veränderung feststellen, eine Drüse ist nach wie vor stark, die andere schwach. Bitten Sie sie dann, sich gegenüber zu setzen und Kontakt aufzunehmen, entweder in Form einer Unterhaltung oder durch intensives Anschauen. Testen Sie erneut. Sie werden fast immer feststellen, daß die Person mit zuvor starkem Thymus nun schwach testet und oft (aber nicht immer) der Thymus der zuvor schwachen Person jetzt stark testet. Irgendwie wurde die Lebensenergie der „starken" Person durch den persönlichen Kontakt mit einer Person mit schwachem Thymus geschwächt. Das ist jedoch noch nicht alles: Wenn Sie verschiedene Meridianpunkte (Energiesystem) auf dem Körper der interagierenden Personen testen, werden Sie feststellen, daß eine spezifische Unausgeglichenheit von einer Person auf die andere übertragen werden kann.

Dieses Phänomen, die Grundlage der Sympathie (wörtlich: das gleiche Gefühl), tritt immer auf, wenn wir mit einer anderen Person in Kontakt kommen. Ärzte, Zahnärzte, Krankenschwestern, Psychotherapeuten, Sozialarbeiter und Geistliche – jeder, der sich um die kranken und mit Problemen belasteten Menschen kümmert – sind besonders anfällig. Ich habe Hunderte von Ärzten getestet und festgestellt, daß 85 bis 90 Prozent der Vertreter der Heilkunst an einer schlecht funktionierenden Thymusdrüse leiden.

Was bedeutet dies alles? Sollte die Lebensenergie etwa ein Faktor bei der Wahl unserer Freunde und Kollegen sein? Oder unserer Beziehungspartner? Oder unserer Ehemänner bzw. -frauen?

Wir könnten natürlich unser Leben so gestalten, daß wir uns völlig zurückziehen und jeglichen persönlichen Kontakt vermeiden, daß wir uns schützen, indem wir jegliche Kommunikation abbrechen.

Es ist aber sicherlich nicht wünschenswert, denn es ist einfach nicht natürlich; es mag uns zwar schützen, aber wir werden auch geistig verkümmern, und die anderen ebenso.

Die Lösung kann nur sein: Wir müssen das Niveau unserer Lebensenergie so weit anheben, daß wir ohne Einfluß bleiben; dann können wir uns engagieren und Verständnis entgegenbringen, ohne daß wir dabei geschwächt werden. Wenn das Niveau unserer Lebensenergie hoch ist, werden andere von dem engen Kontakt mit uns profitieren; ist es jedoch niedrig, wird unsere Beziehung zu anderen problematisch.

Dies führt zu dem, was ich als Grundlage jedes ethischen Verhaltens ansehe: die *Thymus-Wechselbeziehung.* Wenn wir unsere Lebensenergie stärken, stärken wir auch die eines jeden Mitglieds unserer Familie; wenn die Leute, die mit uns in engem Kontakt stehen, ihre Lebensenergie erhöhen, steigt auch unsere.

Sollten wir nicht auch von unseren Lehrern, Piloten, Politikern eine hohe Lebensenergie erwarten? Schließlich kann von diesen Leuten unser Wohlbefinden, unser Leben abhängen.

Wenn Sie daran zweifeln, daß wir sehr leicht von anderen Leuten beeinflußt werden, sollten Sie einmal überlegen, was eigentlich beim „Surrogat-Test“ (Test über eine Ersatzperson) passiert. Goodheart demonstrierte vor vielen Jahren, daß ein Test auch dann durchgeführt werden konnte, wenn die Testperson zur Kooperation nicht fähig war, sei es, daß sie zu jung war oder daß sie z. B. bewußtlos war. Man testete dann einfach einen Stellvertreter, vorzugsweise die Mutter oder den Ehemann bzw. die Ehefrau, auf jeden Fall irgend jemanden, mit dem persönlicher Kontakt hergestellt werden konnte. Wenn Sie nun den Thymus einer Person mit Hilfe einer Ersatzperson testen wollen, gehen Sie folgendermaßen vor: Lassen Sie jemanden, der stark ist, den Thymuspunkt der Testperson berühren, während die beiden engen körperlichen Kontakt haben. Testen Sie dann den Vertreter. Wenn er schwach wird, bedeutet es, daß der Thymus der Testperson schlecht funktioniert, weiterhin, daß etwas mit dem Thymus der Ersatzperson nicht stimmt, obwohl das letztere durch eingehendere Tests belegt werden sollte. Die leicht zu erzielende Beeinflussung der Ersatzperson beweist zumindest, daß er ziemlich anfällig für die Thymus-Wechselbeziehung ist.

Ein besonderes Charakteristikum, auf das wir sehr stark reagieren, ist die Stimme einer Person. Wie wir in Kap. 9 noch besprechen werden, können die Geräusche der Natur therapeutisch wirken. Dies trifft auch auf die menschliche Stimme, auf *Ihre* Stimme zu.

Sprechen Sie zu einer Person mit schwachem Thymus, während Sie sie testen. Sagen Sie irgend etwas, oder zählen Sie einfach; der Inhalt des Gesagten hat keine Bedeutung. Wenn Ihre Stimme therapeutisch wirkt, werden Sie die Lebensenergie wecken, das Energiesystem wieder ins Gleichgewicht bringen und den Thymus aktivieren. Ist das nicht der Fall, befinden Sie sich selbst in dem Moment im Streßzustand, der auf die Testperson übertragen wird. Lindern Sie dann zunächst den Streß mit Hilfe der von mir vorgeschlagenen Techniken, z. B. durch Rezitieren von Dichtung oder Klopfen auf den Thymuspunkt (siehe Kap. 5). Ein erneuter Test wird ergeben, daß die Testperson stark wird, während Sie laut zählen – Ihre Stimme hat die Energieunausgeglichenheit korrigiert.

Die Stimme eines jeden von uns wirkt therapeutisch, wenn sich die Hemisphären im Gleichgewicht befinden, wenn wir somit viel Lebensenergie besitzen, und wenn tief in uns, aus Liebe oder Sorge, die Absicht steckt, jemanden zu stärken. Hören Sie den Leuten um Sie herum zu, den Fernseh- und Rundfunksprechern, den Politikern, Ihrem Psychotherapeuten. Wirken ihre Stimmen therapeutisch oder nicht? Wirken sie gestreßt, während sie sprechen?

Als Kind haben Sie es vielleicht einmal einem Spielkameraden zurückgeben wollen und gesagt, daß seine Beschimpfungen Sie kalt ließen. Das stimmt einfach nicht. Sagen Sie einmal zu einer Person mit starkem Thymus: „Du bist häßlich", oder „ich hasse dich". Der Indikatormuskel wird sofort schwach, entweder mit oder ohne gleichzeitige Testberührung des Thymuspunktes.

Verfahren Sie dann umgekehrt: Sagen Sie zu einer Person mit schwachem Thymus: „Ich liebe dich (ich habe dich gern)". Der Thymus wird sofort stark. Dank solcher Ergebnisse der Behavioralen Kinesiologie beginnen wir zu verstehen, welche enorme Kraft uns Worte verleihen können, um anderen entweder zu helfen oder zu schaden.

Wenn wir im streßfreien Zustand sprechen, arbeiten die beiden Hemisphären des Gehirns zusammen; die linke ist für die Logik und die Kommunikation verantwortlich, die rechte für die rhythmischen und intuitiven Elemente (Aspekte) unserer Mitteilung.

Suchen Sie sich eine Testperson mit schwachem Thymus und lassen Sie jemanden zu dieser Person sprechen (oder einfach nur zählen), während Sie testen. Wenn der Thymus des Sprechers aktiv ist, d. h. wenn die Streßbelastungen nur gering sind, wird seine Stimme den Thymus der Testperson „in Ordnung bringen". Fühlt er sich jedoch gerade gestreßt, wirkt seine Stimme nicht therapeutisch.

Einige von mir durchgeführte Tests haben ergeben, daß bei einer zerebralen Unausgeglichenheit sich die Muskeln, die mit dem Zungenbein verbunden sind, nicht in Balance befinden. Das Zungenbein ist ein kleiner Knochen zwischen Unterkiefer und Kehlkopf, mit dem alle Sprechmuskeln direkt oder indirekt verbunden sind. Es scheint, daß diese Zungenbein-Unausgeglichenheit in einer Streßsituation eine leichte Verzerrung unserer Sprache verursacht. Diese Verzerrung wird vom Zuhörer unbewußt aufgenommen. Sie kann auch von einem komplizierten, elektronischen „Lügendetektor" registriert werden, doch solch ein Gerät ist eigentlich nicht notwendig, denn BK-Tests reichen für uns aus.

Ein weiterer Beweis ist die Tatsache, daß eine zerebrale Unausgeglichenheit auftritt, wenn wir die Muskeln, die mit dem Zungenbein verbunden sind, aus dem Gleichgewicht bringen. Eine Tonbandaufnahme, die ich zu Demonstrationszwekken erstellt habe, verdeutlicht dies. Auf dem Band sind identische Wörter aufgezeichnet, die von derselben Person gesprochen wurden, während ich eine Zungenbein-Unausgeglichenheit abwechselnd auslöste und wieder korrigierte. Wenn ich dieses Band abspiele, übt die Stimme entsprechend einen schwächenden oder stärkenden Effekt auf den Zuhörer aus.

Es ist nicht möglich, mit Hilfe von BK-Tests festzustellen, ob jemand lügt, aber wir können sicherlich herausfinden, ob jemand unter Streß steht, während er spricht. Ich habe Hunderte von Tests durchgeführt, deren Ergebnisse stark mit denen von Lügendetektoren korrelieren.

Ein gutes Beispiel ist eine Tonbandaufnahme mit meiner eigenen Stimme, die darauf keine stärkende Wirkung hat. Die Aufnahme entstand kurze Zeit, nachdem ich nach einem geringfügigen chirurgischen Eingriff unter lokaler Betäubung ins Bett zurückverlegt worden war. Auf diesem Band bemerke ich, wie gut ich mich fühle, aber meine Stimme verrät, wie es damals wirklich aussah: Es ist bisher noch kein Thymus von der Stimme gestärkt worden.

Berücksichtigen Sie auch die folgenden Beispiele von Tonbandaufzeichnungen aus der jüngsten Geschichte:

Als der oberste Richter Earl Warren Präsident Richard Nixon bei seinem Amtsantritt vereidigt, sagt Warren: „Do you, Richard Milhous Nixon . . .“; seine Stimme ist dabei stark. Als aber Nixon selbst den Eid nachsprach, ist dessen Stimme schwach; dieser Wechsel kennzeichnete die gesamte Antrittsrede.

- Harry S. Trumans Stimme übt fast ständig einen stärkenden Effekt aus, außer wenn er behauptet, er werde für die Wiederwahl nicht kandidieren.
- Lyndon B. Johnsons Stimme wirkt nicht stärkend, wenn er sagt, gegnerische Streitkräfte würden die eigenen Truppen im Golf von Tonkin angreifen, eine Behauptung, die nicht stimmte.
- Die Stimme von Senator Edward M. Kennedy übt keinen positiven Effekt aus, wenn er über den Unfall bei Chappaquiddick spricht, denn der Streß muß in dem Moment, als er diese Aussage macht, sicherlich groß sein.

Das vielleicht eindrucksvollste Beispiel ist die Stimme Dr. Phillip Blaibergs, der seinerzeit der am längsten überlebende Patient mit einem fremden Herzen war. Er behauptet, daß er sich sehr gesund und glücklich fühle, aber das konnte nicht der Fall sein, da seine Stimme nicht therapeutisch wirkte. Kurze Zeit nach dieser Aufnahme starb Dr. Blaiberg.

Der Streß-Test kann leicht durchgeführt werden, wobei man entweder der Person direkt oder einer Tonbandaufnahme zuhört. Die Stimme mag Ihnen dabei einiges erzählen, der Thymus aber erzählt Ihnen alles.

Bedenken Sie jedoch immer, daß wir in dem Test nur das Ausmaß von Streß in der Stimme feststellen und nicht etwa Lügen aufdecken. Um das letztere zu beweisen, ist eine Serie von zehn Testformen notwendig, von denen in diesem Buch nur eine behandelt wird. Seien Sie deshalb bitte sehr vorsichtig bei der Interpretation und Weitergabe Ihrer Information.

Der schwächende Effekt einer Person wird nicht nur ausgelöst, wenn man sich genau gegenübersteht oder wenn die Situation „eins zu eins" gegeben ist.

Auch das Fernsehen z. B. kann einen Einfluß auf Sie ausüben. BK-Tests haben ergeben, daß gewisse Qualitäten unserer charismatischen Politiker und Fernsehpersönlichkeiten auf diese Art übertragen werden können. Wenn ein Vertreter des öffentlichen Lebens an einer Energieunausgeglichenheit oder einer schlecht funktionierenden Thymusdrüse leidet, kann er eine Vielzahl von Leuten negativ beeinflussen. Ein emotionaler Zustand, sowohl negativ als auch positiv, kann sich von seiner primären Quelle aus über eine ganze Gemeinde und sogar ein ganzes Land ausbreiten, von der Fernsehpersönlichkeit auf die Zuschauer, auf ihre Nachbarn und all die Leute, mit denen sie in Kontakt kommen. Wenn wir anfällig sind, d. h. wenn wir wenig Lebensenergie haben, können wir von den emotionalen Haltungen, die gerade „herumgehen", geradezu infiziert werden.

In der Zeit vor der industriellen Revolution, als das heutige New York City noch größtenteils Akkerland war, lebten die meisten Menschen in Dörfern. Ihre Kontakte beschränkten sich auf die Mitbewohner und Besucher des Dorfes sowie einige Freunde in der umliegenden Gegend. So konnte es passieren, daß eine einzelne Person in ihrem ganzen Leben nur mit wenigen tausend Menschen in Kontakt kam.

Heutzutage kann dies an einem einzigen Tag der Fall sein. In einer Großstadt können allein in ihrem Apartmentkomplex mehrere hundert Menschen wohnen. Täglich sind wir durch Fernsehen, Radio und Zeitungen Tausenden von Menschen mit negativer Energieausstrahlung ausgesetzt. Und da eben unsere Nachrichten voll von Mordfällen, Attentaten, Flugzeugentführungen, Überschwemmungen, Großfeuern und anderen Katastrophen sind, müssen wir zwangsläufig negativ beeinflußt werden. Jede Gewalttat im Fernsehen, von denen es eine Unmenge jede Woche gibt, schwächt unsere Thymusdrüse und Lebensenergie.

Die Medien konfrontieren uns nicht nur mit Bildern von Terroristen, Brandstiftern, Kindesentführern und anderen schwächenden Menschen unserer Zeit, man präsentiert uns z. B. manchmal sogar die Neigungen Adolf Hitlers, einer Persönlichkeit, die selbst im Tod noch fast so bedrohend wirkt wie zu Lebzeiten. (Schauen Sie sich einmal ein Foto von ihm an und sehen Sie, wie es Ihren Thymus schwächt.)

Nehmen Sie sich einmal eine Zeitung oder eine Illustrierte und überprüfen Sie, wie viele Fotos Ihren Thymus schwach werden lassen. In einer einzigen Ausgabe werden es eine ganze Menge sein. Es ist einfach nicht möglich, ein Bild von einem Attentat, einem verstümmelten Körper oder einem Verkehrsunfall anzuschauen, ohne daß die Thymusdrüse schwach wird und die Lebensenergie absinkt. Und genau dies passiert tagtäglich Millionen von Menschen.

Auch Werbeanzeigen, besonders Nahaufnahmen von Rauchern, können Sie schwächen. Bevor Sie überhaupt die Zeitung umblättern oder Ihren Blick von der Reklametafel abwenden können, haben Sie die Botschaft schon registriert. Ohne es zu wissen, haben minimale visuelle Reize auf Sie gewirkt.

Portraits üben einen enormen Effekt auf uns aus.[21] Nehmen wir als Beispiel ein Gemälde von Velázquez, das das „Metropolitan Museum of Art" fünf Millionen Dollar kostete. Fast jeder, der dieses Portrait von Juan de Pareja betrachtet, wird geschwächt. Überprüfen Sie es selbst einmal (siehe Abb. 22). Ein weiteres Portrait, ausgestellt im selben Museum, wirkt stärkend. Es ist Rembrandts „Christus" (siehe Abb. 23).

Warum werden wir geschwächt, wenn wir das Portrait von Velázquez betrachten? Ich kann diese Frage nicht beantworten. Wenn Sie eine Kopie des Bildes, von einem anderen Künstler angefertigt (s. Abb. 24), anschauen, werden Sie höchstwahrscheinlich gestärkt. Die Unterschiede zwischen dem Original und der Kopie sind nur geringfügig, doch sie werden offensichtlich vom Körper wahrgenommen.

Die Abbildungen 25 und 26 zeigen zwei sehr populäre Poster von Farrah Fawcett-Majors, einer berühmten Schauspielerin und Modemodell. Vergleichen Sie einmal den Effekt jedes Bildes auf Ihre Lebensenergie, indem Sie sich von jemandem

Abb. 22: „Portrait des Juan de Pareja" von Diego Rodriguez de Silva y Velázquez

Abb. 23: Rembrandts „Das Haupt Christi"

Abb. 24: Kopie des Bildes „Portrait des Juan de Pareja“ von Velázquez

Abb. 25: Ein Poster von Farrah Fawcett-Majors. Welchen Einfluß übt es auf Sie aus?

testen lassen. Wenn Sie wie die meisten Leute reagieren, wird das Bild 26 Sie schwächen, Bild 25 jedoch nicht. Offensichtlich ist es nicht die Person Farrah, die Ihren Thymus beeinflußt, sondern die Art, wie sie sich auf dem Bild 26 gibt. Es ist trotzdem millionenfach verkauft worden. Was sagt dies eigentlich über den heutigen Geschmack der Männer aus?

Möchten Sie herausfinden, was die Schwächung hervorruft? Decken Sie nur den Mund auf dem Bild zu, und lassen Sie sich noch einmal testen.

Lassen Sie uns kurz auf das Wesen der Fotografie eingehen.

Abb. 26: Eines der beliebtesten Poster aller Zeiten

Die Fotografie, eine relativ neue Erfindung, hat Zeichnungen und Gemälde ersetzt, um Landschaften oder das Aussehen einer Person bildlich festzuhalten. Zeichnungen und Gemälde, selbst die gegenständlichen, sind Abstraktionen. Der Künstler hebt bestimmte Aspekte der Wirklichkeit hervor oder setzt sie in Beziehung zu anderen Elementen seines Bildes. So kann er z. B. eine Szene mit stark destruktiven Elementen in ihrer Wirkung abschwächen oder aber auf der anderen Seite über das eigentliche Grauen eines Themas noch hinausgehen. Eine hervorragende journalistische Fotografie kann diese Effekte auch erzielen, und solch eine Fotografie ist sicherlich ebenso eine Kunst wie ein Gemälde. Die durchschnittliche Zeitungsfotografie jedoch zeigt uns die nackten Tatsachen, die ungeschminkte Realität, und manchmal so schonungslos, daß die meisten Leute damit nicht fertig werden.

Der schreckliche Reiz, den solche Fotografien auf uns ausüben, bindet uns ebenso an sie, wie persönliche Anziehungskraft uns an einen anderen Menschen bindet. In beiden Fällen entstehen Unausgeglichenheiten im Energiesystem (Meridiane), die entweder durch die harte Realität hervorgerufen oder von den abgebildeten Personen übertragen werden. Ähnlich löst die faszinierende Werbefotografie, die den Betrachter mit den Mitteln der Verzerrung und Übertreibung manipuliert, Unausgeglichenheiten aus.

In diesem Kapitel habe ich mich auf die negativen Effekte unserer sozialen Umwelt konzentriert.

Es gibt jedoch auch die andere Seite: Ein Nachrichtenfoto von einem Feuerwehrmann, der ein gerade gerettetes Kind in den Armen hält, oder der Anblick einer vitalen Person im Fernsehen wirken positiv auf uns und spenden uns neue Lebensenergie. Leider überwiegen heutzutage in den Medien die negativen Einflüsse beträchtlich. Angesichts des kumulativen Effekts ist es dann nicht verwunderlich, daß wir in einer Gesellschaft leben, deren Kennzeichen das niedrige Energieniveau und die Thymusschwäche sind.

8. Ihre physische Umgebung

„Most wholesome physic of thy health-giving air."
Shakespeare

Unser Zeitalter ist von bedeutenden technologischen Innovationen gekennzeichnet. Jede Innovation verändert in gewissem Maße die Lebensgewohnheiten, die sich im Laufe von Jahrtausenden entwickelt haben. Im Grunde genommen sind wir Versuchsobjekte, nur die Ergebnisse liegen noch nicht vor.

Seit vielen Jahren untersuche ich die Umwelt, den Lebensstil und die persönlichen Gewohnheiten einer Vielzahl von Leuten, im allgemeinen mit übereinstimmenden Ergebnissen, die ich hier als Anregungen anbiete. Überprüfen Sie sie auf jeden Fall selbst, und gehen Sie dabei folgendermaßen vor: Lassen Sie Ihren Indikatormuskel testen, während Sie den Thymuspunkt berühren. Ist der Thymus stark[22], führen Sie den Versuch mit dem entsprechenden Stimulus durch und lassen Sie dann wieder testen. Wenn der Muskel schwach wird, wissen Sie, daß der Stimulus den Energiestrom zur Thymusdrüse unterbrochen und dadurch die Energie im gesamten Körper reduziert hat. Testen Sie auch, wie ich schon zuvor vorgeschlagen habe, ohne Berührung des Thymuspunktes, denn der zweifache Test ist oft sehr wichtig.

Lassen Sie uns nun einige alltägliche Stimuli näher betrachten.

Sonnenbrillen: Jede Art von getöntem Glas, egal wie lang man durchschaut, schwächt den Thymus und somit die Lebensenergie. Überprüfen Sie es selbst an einer Sonnenbrille. Lassen Sie die Brille eine halbe Minute oder länger auf und testen Sie dann den Indikatormuskel mit und ohne Berührung des Thymuspunktes. Fast immer ist das Ergebnis eine Schwäche.

Armbanduhren: Elektronische und Quarzkristall-Armbanduhren üben oft einen negativen Einfluß auf die Lebensenergie aus, wenn sie an bestimmten Stellen getragen werden. Es gibt vier Möglichkeiten, eine Armbanduhr zu tragen: an jedem Handgelenk entweder an der Innen- oder an der Außenseite. Im allgemeinen stört nur eine Position die Thymusfunktion *nicht.* Gehen Sie die vier Möglichkeiten durch und stellen Sie fest, welche für Sie richtig ist.

Hüte: Ein Hut, der nicht vollständig aus natürlichen Fasern besteht, beeinträchtigt die Thymusaktivität. Von großer Bedeutung ist dabei das Futter, denn viele Hüte aus Wolle sind mit synthetischen Stoffen ausgefüttert. Man kann dies leicht demonstrieren: Eine Testperson, die einen Hut aus Wolle mit einem Innenfutter aus Kunstseide oder einem anderen synthetischen Material trägt, zeigt sich beim Testen meist schwach, entweder mit oder ohne Berührung des Thymuspunktes. Wenn man jedoch die Innenseite des Hutes nach außen stülpt, so daß der natürliche Stoff am Haar anliegt, bleibt die Testperson gewöhnlich stark.

Dies ist ein weiterer Hinweis darauf, daß wir

um so stärker potentiellen Gefahren ausgesetzt sind, je mehr wir den Bezug zur Natur verlieren.

Perücken und Haarteile (Toupets): Testen Sie Ihren Thymus; er sollte stark sein. Setzen Sie dann eine Perücke aus Synthetik auf. Testen Sie erneut. Was ist geschehen?

Schuhe mit hohen Absätzen: Der Besuch einer Diskothek ohne diese Schuhe ist undenkbar. Seit Jahren wackeln Mädchen in ihnen herum, werden Kleinkinder von ihnen fasziniert und suggerieren Werbeanzeigen, daß Herren sie bevorzugen. Während die Röcke mit der Zeit immer länger wurden, wurden die Absätze immer höher. Und Männer haben es den Frauen nachgemacht, „auf Plattformen herumzustolzieren".

Jeder trägt sie, werden Sie sagen, *was sollte also mit ihnen nicht stimmen?*

Die Antwort ist: *Vieles.*

Das Problem liegt an der Fußhaltung beim Gehen. Am Ende eines Schrittes, wenn sich der Fuß hinter Ihrem Körper befindet, wird das Sprunggelenk nach vorn gebeugt und nimmt eine Stellung ein, als würden Sie hohe Absätze tragen. Rezeptoren in der Haut an der Vorder- und Rückseite des Knöchels senden beim Gehen ständig Botschaften zum Gehirn und ermöglichen es uns so, unsere Fortbewegung zu koordinieren. Wenn wir nun Schuhe mit hohen Absätzen tragen, wird dem Gehirn mitgeteilt, daß *beide* Beine gerade einen Schritt ausgeführt haben.

So wird eine doppelte Verwirrung im Gehirn ausgelöst: Zum einen befinden wir uns nicht unbedingt am Ende eines Schrittes, sondern können tatsächlich gerade still stehen; zum anderen ist es einfach unmöglich, daß sich die Füße beim Gehen gleichzeitig am Ende eines Schrittes befinden. Diese enorme physiologische Verwirrung verursacht großen Streß und führt zum „Switching“, dem Zusammenbruch der normalen Hemisphärensymmetrie. Ich nenne diese Unausgeglichenheit den *Streß des gestörten physiologischen Gleichgewichts.*

Offensichtlich ist also das Höchste beim Tragen von Schuhen mit hohen Absätzen das Risiko.

Vielleicht möchten Sie noch eine weitere Ursache für gestörtes physiologisches Gleichgewicht kennenlernen. Lassen Sie sich, wenn Sie das nächste Mal ins Auto steigen, bei normaler Fußstellung auf zerebrale Unausgeglichenheit überprüfen. Probieren Sie dann verschiedene Fußstellungen aus und stellen Sie fest, welche bei der Fahrt Ausgeglichenheit gewährleistet.

Kleidung aus synthetischen Stoffen: Eine befreundete Näherin berichtete mir neulich, daß ihre Augen beim Betreten eines Stoffgeschäftes zu tränen begonnen hätten, ihre Nase plötzlich verstopft gewesen wäre und sie Schwierigkeiten beim Atmen gehabt hätte, so daß sie den Laden verlassen mußte. An der frischen Luft erholte sie sich sehr schnell. Ein von mir durchgeführter Test ergab, daß die Dämpfe aus einer zuvor geöffneten Sendung synthetischer Stoffe die Ursache ihrer Beschwerden waren. Auch die Angestellten des Geschäfts hatten unter dem Geruch gelitten.

Seit Tausenden von Jahren besteht unsere Kleidung aus natürlichen Stoffen: Felle, Leder, Baumwolle, Wolle, Leinen und Seide. Jetzt aber tauchen plötzlich neue Materialien auf: Polyester, Acryl, Nylon und verschiedene andere Produkte. Ich kann es nicht begründen, aber synthetische Fasern beeinträchtigen die Thymusaktivität und schwächen so die Lebensenergie. Vielleicht liegt der Grund darin, daß Synthetik die normale Ionisierung der Luft um den Körper herum verändert.

Ich empfehle immer Kleidung aus 100 Prozent Naturfasern, die überall erhältlich ist. Besondere Beachtung ist dabei der Unterkleidung für Frauen zu schenken, denn sie wird gern vernachlässigt; gerade Synthetikunterwäsche wirkt sich aber, besonders wenn sie eng anliegt, sehr nachteilig aus. Testen Sie doch einmal Ihren eigenen Synthetikbüstenhalter. Es geht folgendermaßen: Vergewissern Sie sich, daß Ihr Indikatormuskel stark ist; legen Sie dann die Finger auf die Außenseite des Körbchens und lassen Sie erneut den Muskel testen. Die Berührung von außen hat offensichtlich keine Wirkung.

Legen Sie nun die Finger an die *Innenseite* des Körbchens und testen Sie noch einmal; Ihr Indikatormuskel wird mit hoher Wahrscheinlichkeit schwach werden. Ebenso kann man auch mit Unterhosen verfahren. Der Test zeigt, daß sich synthetische Unterwäsche tagtäglich auf die beiden empfindlichsten und intimsten Körperregionen der Frau nachteilig auswirkt. Die Häufigkeit von Brusterkrankungen ist erschreckend hoch; ist es möglich, daß der kumulative Effekt dieser Auswirkungen seinen Tribut fordert und das Gleichgewicht stört?

Wie steht es mit Sportkleidung? Es ist entmutigend zu beobachten, wie viele Leute Gymnastik betreiben oder joggen und dabei Kleidung aus Kunstfasern tragen, die ihre Energie schwächt.

Bettwäsche: Decken Sie sich mit einer Decke oder einem Laken aus 100 Prozent Naturfaser (Baumwolle, Wolle oder Seide) zu und lassen Sie sich testen. Ihr Indikatormuskel wird mit sehr hoher Wahrscheinlichkeit stark sein. Nehmen Sie dann eine Decke aus synthetischem Material und testen Sie erneut; in den meisten Fällen verursachen synthetische Decken eine Schwächung. Sogar ein Schirm aus Synthetik über dem Kopf beeinträchtigt die Energie.

Wegwerfbare Windeln: Halten Sie eine Wegwerfwindel mit der Plastikschicht nach außen an Ihr Gesicht. Riechen Sie an der Windel. Wird Ihr Indikatormuskel schwach? Wenn es der Fall ist, reagieren Sie nicht anders als fast alle von mir getesteten Personen. Dasselbe gilt für die meisten wegwerfbaren Haushaltsprodukte aus Papier. Tests haben ergeben, daß fast alle Gesichtstücher und Toilettenpapierarten schwächen, und ich vermute, daß die Behandlung mit Chemikalien die Ursache ist.

Toilettenartikel: Tragen Sie Ihr Deodorant auf und testen Sie, ob Ihr Indikatormuskel schwach wird. Testen Sie dann ein Produkt ohne chemische Zusatzstoffe.

Die Werbung sagt, die Marke Ihrer Zahnpasta tue Ihnen gut, aber was sagt eigentlich Ihr Körper?

Testen Sie Ihr Parfüm. Fast alle Parfümarten bestehen aus synthetischen Stoffen und schwächen die Lebensenergie.

Metall: Die Wirkung von Metall auf den Körper wurde in Kap. 5 diskutiert.

Kaltes Wasser: Dr. Robert Perolman aus Florida, ein Kinesiologe, berichtete von Patienten, die nach gymnastischen Übungen unter koronaren Durchblutungsstörungen litten. Er fand heraus, daß nicht die Übungen selbst, sondern das danach getrunkene kalte Wasser den Energiestrom zum Herzen beeinträchtigte. Überzeugen Sie sich selbst. Legen Sie die Finger der rechten Hand auf den Herzmeridian-Testpunkt, der sich auf dem Oberbauch ein bis zwei Zentimeter unterhalb des Brustbeines befindet. Sie werden wahrscheinlich feststellen, daß ein Glas kaltes Wasser oder eine kalte Dusche eine Schwächung des Indikatormuskels hervorrufen kann.

Beleuchtung: BK-Tests enthüllen fast ständig, daß Neonlicht schwächt, Glühbirnen jedoch nicht. Eine der vielen Theorien darüber ist, daß die Frequenz der Lichtemission entweder fremd oder schädlich für den Körper ist. Dem entsprechen kürzlich veröffentlichte Berichte über Gewebeproben von Tieren, die von Krebs befallen wurden, nachdem man sie längere Zeit im Labor fluoreszierendem Licht ausgesetzt hatte.

Ich habe unter anderem die Auswirkungen verschiedener Lichtquellen in Fabriken und Geschäften getestet. Neulich wurde ich gebeten, zwei Frauen mittleren Alters, die seit einigen Jahren in einem Süßwarengeschäft arbeiteten, zu untersuchen. Sie fühlten sich seit ungefähr einem Jahr müde und depressiv und hatten Schlafschwierigkeiten; das wichtigste Symptom war jedoch, daß jede Frau um etwa 45 Pfund zugenommen hatte, fast ausschließlich am Oberkörper. Als ich sie zum ersten Mal traf, sahen sie sehr bizarr aus: dünne Arme und Beine, schmales Gesicht, sehr großer Bauch. Nach ein paar Fragen war ich überzeugt, daß die Ursache ihrer Schwierigkeiten, die vor einem Jahr begannen, acht 250 Watt starke Quecksilber-Dampf-Lampen waren; man hatte sie ein Jahr zuvor installieren lassen, um die Lichtverhältnisse im Geschäft zu verbessern.

Tests ergaben, daß beide Frauen nur dann schwach testen, wenn die Lampen angeschaltet waren, nicht jedoch bei abgeschaltetem Licht; ebenso konnten sie durch Aufsetzen eines schwarzen Hutes eine Schwäche verhindern. Aus diesen Ergebnissen folgerte ich, daß das Licht auf Grund seiner hohen Intensität den Schädel durchdrang und irgendwie die Gehirnaktivität störte, vielleicht durch die Zirbeldrüse. Dies würde auch die Schlaflosigkeit erklären, denn die Zirbeldrüse, die auf Licht reagiert, bestimmt den biologischen Rhythmus des Körpers.

Ich empfahl den Frauen, im Geschäft schwarze Hüte aus Naturfasern zu tragen, was von einer abgelehnt wurde. Nach zwei Monaten hatte die Frau, die den Hut zum Schutz vor dem Licht trug,

25 Pfund abgenommen, die Schlafstörungen waren gelindert worden, sie fühlte sich einfach viel besser. Der Zustand der anderen Frau war unverändert.

Wenn Sie selbst Tests durchgeführt haben, werden Sie mir zustimmen, daß man, wenn möglich, natürliche Lichtquellen, d. h. Sonnenlicht und Kerzenlicht, oder Glühlampen bevorzugen sollte. Ein interessantes Phänomen hinsichtlich der Lichtverhältnisse ist die Tatsache, daß einige Leute solche Grenzfälle sind, daß sie anscheinend die Energie und Stärkung des Lichtes benötigen, um ihre Energieausgeglichenheit zu erhalten. Sie sind unter normalen Umständen stark, werden aber schwach, wenn man ihnen die Augen verbindet oder sie in einem völlig dunklen Raum testet. Man kann sich leicht vorstellen, daß solche Leute sich häufig über Müdigkeit am Morgen beklagen.

Raumisolierung: Der Frühling hatte gerade begonnen, als ich eine Patientin wie gewöhnlich in meiner Praxis testete. Plötzlich kam mir die Idee, sie auch einmal im Freien zu testen. Wir gingen nach draußen, und schon ein Schritt aus der Haustür heraus genügte, um den zuvor schwachen Muskel stark werden zu lassen. Nach sorgfältigen Untersuchungen machte ich schließlich den Übeltäter ausfindig: Es war die Fiberglasisolierung meiner Praxis, auf die die Patientin besonders anfällig reagierte. Irgendwie blockierte sie den Strom positiver Energie aus der freien Natur. Überprüfen Sie selbst einmal den Effekt von Isoliermaterial, indem Sie etwas Material um Ihren Körper wickeln und dann Ihre Thymusdrüse testen; Ihr Indikatormuskel wird fast immer schwach.

Haushaltsbrennstoffe und Chemikalien: Die Behandlung einiger meiner Patienten, besonders jener mit psychischen Problemen, schließt auch eine Untersuchung ihrer häuslichen Umgebung ein. Dabei stellte ich in einigen Fällen fest, daß Gasöfen negative Auswirkungen haben. Es gab. z. B. eine Frau, die gewöhnlich guter Stimmung war, wenn ihr Gatte, ein freundlicher und geduldiger Mann, von der Arbeit nach Hause kam. Sobald sie jedoch mit der Vorbereitung des Essens begann, wurde sie streitsüchtig, irgendwie konfus und schrie herum. Um diese „psychischen" Probleme auszuschalten, mußte man einfach das Gas ausschalten.

Wenn Sie überprüfen möchten, ob Gas Sie negativ beeinflußt, so stellen Sie sich neben den Ofen und testen Sie den Indikatormuskel zuerst vor und dann nach dem Anzünden der vorderen Flamme. So einfach ist das, und der Körper antwortet sofort und direkt.

Zu meinen Testobjekten gehören auch gängige, in der Industrie verwandte Substanzen, denen einige meiner Patienten ausgesetzt sind. So brachte einmal ein Patient ein Lösungsmittel, mit dem er bei der Arbeit zu tun hatte und das ihn seiner Meinung nach beeinflussen könnte. Ich öffnete die Flasche und stellte sie in die Mitte des Wartezimmers, in dem acht Leute saßen; waren sie vorher stark, so wurden sie jetzt sofort schwach. Ich riet meinem Patienten, sich eine neue Arbeit zu suchen; er folgte meinem Rat, was eine entscheidende Verbesserung seiner Gesundheit zur Folge hatte.

Es gibt schätzungsweise über 3,5 Millionen Chemikalien, doch ist es anscheinend nicht möglich gewesen, die Sicherheit von nur einigen tausend zu überprüfen. Es gibt aber einen Test, der sicher, einfach und schnell durchführbar ist: der BK-Test. Er sollte als Prüfstein für jeden neuen Artikel dienen.

Rauchen: Nichtraucher müssen gewöhnlich die Erfahrung machen, daß ihre Haare und ihre Kleidung nach einer Party, auf der viel geraucht wurde, so stark riechen, als ob sie selbst einige Pakkungen geraucht hätten. Die Tatsache, daß die schädlichen Auswirkungen des Rauchens nicht auf die Raucher beschränkt bleiben, sollte uns somit auch nicht überraschen.

Wenn Sie feststellen möchten, ob Zigaretten Ihnen schaden, so zünden Sie sich eine an und lassen Ihren Indikatormuskel testen; er wird schwach. Oder lassen Sie Ihren Thymus testen, zunächst an der frischen Luft oder auch in einem gut gelüfteten Zimmer, dann in einem Raum, in dem geraucht wurde. Sofort nach Betreten des verrauchten Zimmers wird Ihr Thymus schwach. In einem Zimmer von normaler Größe hat jeder innerhalb von zwanzig Minuten, nachdem eine Person sich eine Zigarette angezündet hat, dieselbe Menge Nikotin im Blut.

Das Rauchen ist so schädlich für die Gesundheit, es beeinflußt nicht nur die Raucher, sondern auch die Personen, die mit ihnen in Kontakt kommen. Damit rechnen wir wahrscheinlich noch. Wir würden es jedoch nicht für möglich halten, daß allein schon eine Zigarettenwerbung uns beeinflussen kann. Betrachten Sie einmal das Bild eines Rauchers. Ihr Thymus wird schwach. Ihr Körper sagt Ihnen etwas über den negativen Effekt des Rauchens auf Ihre Lebensenergie.

Autoabgase: Möchten Sie feststellen, ob Autabgase wirklich so schädlich sind, wie es immer behauptet wird? Stellen Sie sich hinter den Auspuff eines geparkten Autos (nicht in der Garage) und lassen Sie sich testen; Sie sollten eigentlich stark sein. Starten Sie dann den Wagen, lassen Sie ihn im Leerlauf und lassen Sie sich erneut testen, wobei Sie an derselben Stelle wie zuvor stehen; Sie werden feststellen, daß Ihr Thymus allein oder auch alle Ihre Muskeln schwach werden. Der schädliche Effekt von Autoabgasen ist also ganz offensichtlich, und eben sie werden jeden Tag in Unmengen ausgestoßen.

Schallwellen: Die Frage, wie unser Körper auf Musik reagiert, wird im nächsten Kapitel ausführlich behandelt.

Ein Geräusch, das wir heutzutage oft hören, besonders in großen Wohnungskomplexen, ist das „Netzbrummen“ elektrischer Geräte. Tests mit Tonerzeugern ergaben, daß man, solange man den Thymus nicht richtig aktiviert, von diesem Brummen geschwächt wird. Weiterhin habe ich mit Hilfe von Tonerzeugern und hochempfindlichen Lautsprechern festgestellt, daß spezifische Frequenzen von bis zu 40 Kilohertz und mehr den Thymus entweder stärken oder schwächen. Bei 42 Kilohertz z. B. tritt ein schwächender Effekt ein, obwohl die getestete Person das Geräusch nicht „hört".

Oft löst das „Pfeifen" eines Fernsehgerätes, das bei 15625 Hertz liegt, eine Schwächung aus. Bedenken Sie also die Konsequenzen, wenn Sie mit Ihren Kindern mehrere Stunden vor dem Fernseher sitzen: Sie werden Ihrer Energie beraubt, und dafür sind nicht nur bestimmte Werbespots und Programme, sondern auch das 15625 Hertz hohe Pfeifen, das möglicherweise gar nicht zu hören ist, verantwortlich. Was für ein empfindliches Instrument der menschliche Körper ist und wie genau der BK-Test ist, zeigen weitere Versuche. Tests mit Tönen niedriger Frequenz ergaben, daß eine Frequenz von zwei Hertz den Körper schwächt, eine Frequenz von drei Hertz jedoch nicht; ebenso können sieben oder acht Hertz schwächen, sechs jedoch wiederum nicht. Wird der Thymus aber richtig gestärkt, treten diese Schwächungen nicht auf. Es gibt viele Fälle, in denen wir geschwächt werden, da wir niedrigen Frequenzen ständig ausgesetzt sind; es sind die Frequenzen, die Tiere vor bevorstehende Naturereignissen wie Stürmen oder Erdbeben warnen.

Eine Möglichkeit, sich und die Lebensenergie vor diesen oft nicht zu hörenden schwächenden Frequenzen zu schützen, ist das Klopfen auf den Thymuspunkt.

Magnetische Felder, Ionisierung: Wir werden ständig von magnetischen Feldern um uns herum beeinflußt. Die sogenannte orthodoxe Medizin mißt dem noch keine Bedeutung bei, doch Experimente haben ergeben, daß schwache magnetische Wellen die Rhythmen des Gehirns verändern können. Tatsächlich ist der Körper selbst ein System elektromagnetischer Energie.

Unsere Empfindlichkeit gegenüber Magnetfeldern kann sehr leicht demonstriert werden. Halten Sie den Nordpol eines Magneten – z. B. 1000 oder 2000 Gauß – an das rechte Ohr einer Testperson. (Es ist eine sehr empfindliche Stelle; warum das so ist, kann ich aber nicht erklären.) Fast immer wird der Indikatormuskel schwach, ein Effekt, der nicht auftritt, wenn der Südpol des Magneten an derselben Stelle getestet wird. Andererseits wird der Muskel schwach, wenn man den Südpol an das linke Ohr hält.

BK-Tests haben ein interessantes Phänomen aufgedeckt: Die Effekte von Nahrungsmitteln, sowohl festen als auch flüssigen, können verändert werden, wenn man sie an einen der Magnetpole hält. Sogar bei Zucker kann auf diese Art die schwächende Wirkung ausgeschaltet werden. Weitere Untersuchungen sind sicherlich notwendig; vielleicht sollte einmal auf dem Gebiet der biologischen Elektronenresonanz eingehender geforscht werden. Den biologischen Effekten positiver und negativer Ionen wird seit kurzem Bedeutung beigemessen, denn es gibt mittlerweile genügend Beweise dafür, daß unsere Umgebung uns der negativen Ionen, die für unsere Gesundheit notwendig sind, beraubt. Inzwischen gibt es „Negativ-Ionen-Erzeuger“ auf dem Markt; diese Geräte können oft Lebensenergie wecken; wenn sie jedoch zu lange angeschaltet bleiben, wird die Ionenbalance wieder gestört.

Ionisierungseffekte können Sie mit einer „Ionisierungspistole“ testen. Dieses Gerät, das in Rundfunkgeschäften erhältlich ist, dient dazu, elektrostatische Ladungen von Schallplatten zu entfernen. Bei fast allen Modellen werden negative Ionen ausgestoßen, wenn man den Abzug drückt, positive Ionen, wenn man ihn wieder losläßt. Überprüfen Sie, wie es Sie selbst beeinflußt.

Unsere Atmung wird von einem nasalen Zyklus bestimmt: Für jeweils ein paar Stunden atmen wir abwechselnd durch ein Nasenloch stärker ein. Goodheart hat nun gezeigt, daß die Luft beim Einatmen durch das linke Nasenloch negativ und beim Einatmen durch das rechte Nasenloch positiv ionisiert wird. Unter normalen Umständen balanciert der Körper also mit Hilfe des nasalen Zyklus die Ionisation aus.

Die Lösung des Ionisationsproblems, das immer mehr an Bedeutung gewinnt, findet man also nicht in Ionen-Erzeugern, sondern in guter, sauberer, frischer Luft und richtigem Atmen.

Röntgenstrahlen, elektrische Apparate; Mikrowellen: Millionen von Menschen passieren täglich auf Flughäfen die Sicherheitskontrollen; in der ganzen Eile schießen ihnen dabei gewöhnlich Fragen durch den Kopf wie: „Erreiche ich das Flugzeug noch?“; „Werde ich heil wieder herunterkommen?“; „Wird das Kontrollgerät den Schlüsselbund in meiner Hosentasche registrieren?“; „Werden meine zehn Filmrollen zerstört?“. Wer fragt sich aber eigentlich: „Wirkt das Gerät auch schädlich auf *mich?*“.

Nach meinen bisherigen Untersuchungen hat die Durchleuchtungsvorrichtung, durch die wir selbst gehen, keinen negativen Einfluß, das Röntgengerät zum Durchleuchten unseres Handgepäcks schafft dagegen beträchtliche Probleme.

Sobald das Gerät angeschaltet ist, wird jeder im Umkreis von ca. drei Metern schwach. Unabhängig davon, ob nun alle Muskeln oder nur der Thymus beeinflußt werden, wird bei jedem die Lebensenergie beträchtlich erniedrigt.

Ich kann allerdings nicht genau sagen, ob die Schwächung von dem Röntgengerät selbst verursacht wird oder von den elektrischen Feldern, die der dazugehörige Generator erzeugt. Hier sind noch weitere Untersuchungen notwendig.

Man kann einwenden, daß das ja alles nicht so wichtig ist, weil wir schließlich nur für ein paar Minuten dem schädlichen Einfluß der Maschine ausgesetzt sind. Wir sind aber vielen schwächenden Kräften für ein paar Minuten ausgesetzt; zusammengezählt werden es irgendwann zu viele, so daß es mit uns dann „energiebergab“ geht.

Denken Sie besonders an die Person, oft ein junges Mädchen, die das Gerät bis zu acht Stunden pro Tag in einem Flughafen bedient. Voller Vertrauen auf unsere Arbeitsgesetze wird sie sagen: „Mein Strahlungsmesser zeigt an, daß ich vollkommen sicher bin.“ Wenn sie wüßte, wie stark die Arbeit ihre Muskelenergie schwächt, würde sie sich die weitere Ausübung des möglicherweise gefährlichen Berufes vielleicht noch einmal überlegen.

Es wäre ein Jammer, wenn sich in zwanzig Jahren herausstellen würde, daß die Leute, die diese Geräte bedienten, negativ beeinflußt wurden. Alles, was man dann sagen wird, ist: „Aber wir wußten doch damals gar nicht genug darüber." *Wir wissen bestimmt genug darüber.* Wir wissen, daß man bei jeder Quelle von Röntgenstrahlen und jedem Erzeuger elektrischer Felder schädliche Effekte annehmen muß, außer wenn das Gegenteil bewiesen worden ist. Solange Laborergebnisse nicht vorliegen, können wir uns mit Hilfe des BK-Tests vergewissern.

Mikrowellen wirken sich negativ auf die Lebensenergie aus. Ich habe das Radargerät, das von der Polizei zur Feststellung von Schnellfahrern benutzt wird, untersucht und festgestellt, daß es einen starken Indikatormuskel auch ohne Berührung des Thymuspunktes schwächt, wenn man es auf eine Person richtet; die Entfernung kann dabei bis zu neunzig Meter betragen. Bei Mikrowellenherden wird der Körper gefährlicher Strahlung ausgesetzt, wenn sie defekt sind oder falsch bedient werden. Aber auch in intaktem Zustand neigen sie dazu, die Lebensenergie zu schwächen.

CB-Funkgeräte mit Niedrig-Frequenzbändern beeinflussen die Lebensenergie, allerdings nur aus geringer Entfernung.

Neulich half ich einem Freund, ein Grundstück

auf dem Land auszusuchen. Seine Vorstellung war ein ruhiges, abgeschlossenes Plätzchen, möglichst weit weg von den Quellen der Umweltverschmutzung. Das erste Grundstück, das wir uns anschauten, hatte eigentlich alle Vorzüge; der einzige Nachteil war, daß eine Stromleitung von 18 000 Volt direkt über das Grundstück lief. Diese Spannung ist im Vergleich zu großen Leitungen niedrig, doch mein Freund testete in einem Umkreis von siebzig Metern schwach. Und genau an der Stelle hatte er geplant, sein Haus zu bauen.

Das zweite Stück Land lag in einem von grünen Bergen umgebenen Tal; es war schön und völlig abgelegen, ganz nach seiner Vorstellung. Es schien ideal zu sein, und mein Freund konnte die Freude über sein Glück nicht verbergen; doch als ich ihn testete, war er schwach. Bald entdeckten wir die Ursache: einen Ultrakurzrelaissender auf einem der Berge. Mein Freund schüttelte traurig seinen Kopf, denn ihm wurde klar, daß trotz aller Schönheit ein Kauf dieses Grundstücks ausgeschlossen war, da seine Lebensenergie ständig ungünstig beeinflußt werden würde.

Symbole: Viele gebräuchliche Objekte in unserer physischen Umwelt enthalten Symbole, die weitgehend unbemerkt bleiben. Mit den Methoden der Behavioralen Kinesiologie konnte ich den Effekt von Hunderten dieser Symbole auf den Körper demonstrieren und zeigen, daß jedes Symbol ein bestimmtes Energiesystem beeinflußt. Einige dieser Symbole sind in diesem Buch schon erwähnt worden.

Abb. 27: Grant Woods „Amerikanische Gotik"

Bilder, die in unseren Wohnungen und Büroräumen nach gewisser Zeit mit dem Hintergrund verschmelzen, können ausdrucksstarke Symbole enthalten[23]. Ein gutes Beispiel dafür ist Grant Woods Bild „Amerikanische Gotik" (siehe Abb. 27). Lassen Sie sich mit gleichzeitiger Berührung des Thymuspunktes testen, während Sie das Bild betrachten; höchstwahrscheinlich wird Ihr Thymus schwach. Lassen Sie sich dann testen, während Sie sich auf die Personen auf dem Bild konzentrieren; voraussichtlich werden Sie nicht schwach testen. Konzentrieren Sie sich beim nächsten Test auf die Heugabel. Was passiert? Anscheinend wird die Lebensenergie von der Gabel in der Mitte des Bildes negativ beeinflußt, nicht von den ernst dreinschauenden und dunkel gekleideten Personen.

Ich habe Experimente mit Variationen der Gabelform (siehe Abb. 28) durchgeführt. Lassen Sie sich testen, während Sie den Thymuspunkt berühren und jeweils eine Variation anschauen. Höchstwahrscheinlich werden Sie feststellen, daß nur die echte Gabelform, der Dreizack, einen schwächenden Effekt ausübt.

Wie ist das möglich? Die Form ist ein Symbol, und dieses Symbol wird als eine Gestalt wahrgenommen, die Streß auslöst. Es handelt sich hier um ein altes Symbol, das manchmal für den Satan und die Kräfte des Bösen steht. Ebenso gibt es auch Symbole mit positiven Effekten. Testen Sie einige selbst.

Als Grant Wood 1930 den puritanischen Geist der amerikanischen Farmer im Bild festhielt, ahnte er nicht, daß es den Betrachter schwächen würde.

Ein häufig auftauchendes Symbol ist das Kreuz, von dem man erwarten würde, daß es die Lebensenergie weckt. Ich habe in Hunderten von klinischen Tests herausgefunden, daß der kinesiologische Effekt des Kreuzes von der Länge des vertikalen (senkrechten) Balkens abhängt, und

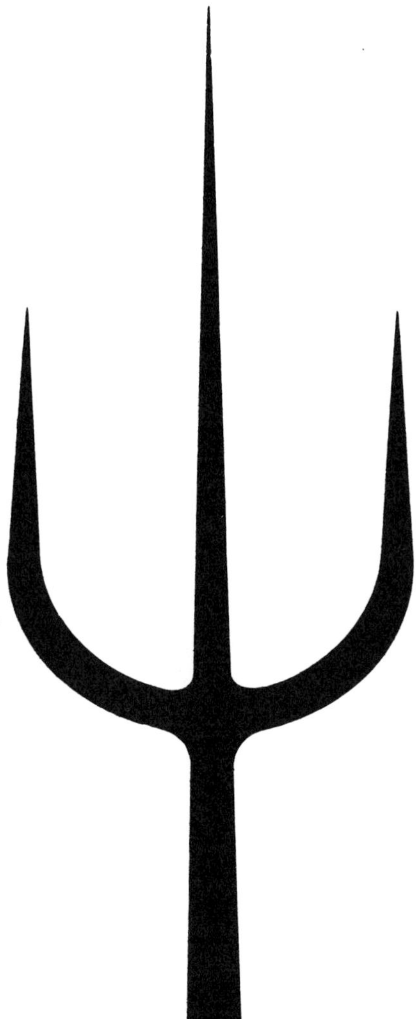

Abb. 28: Testen Sie Ihre Reaktion auf jede der folgenden Gabelformen

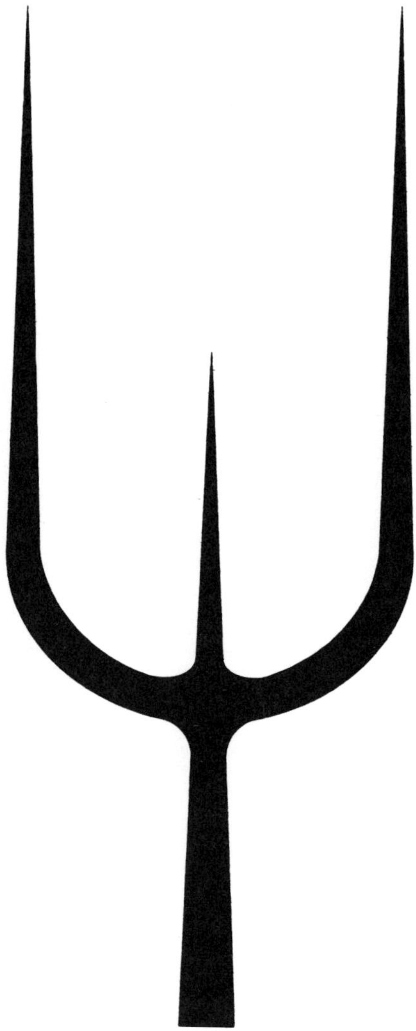

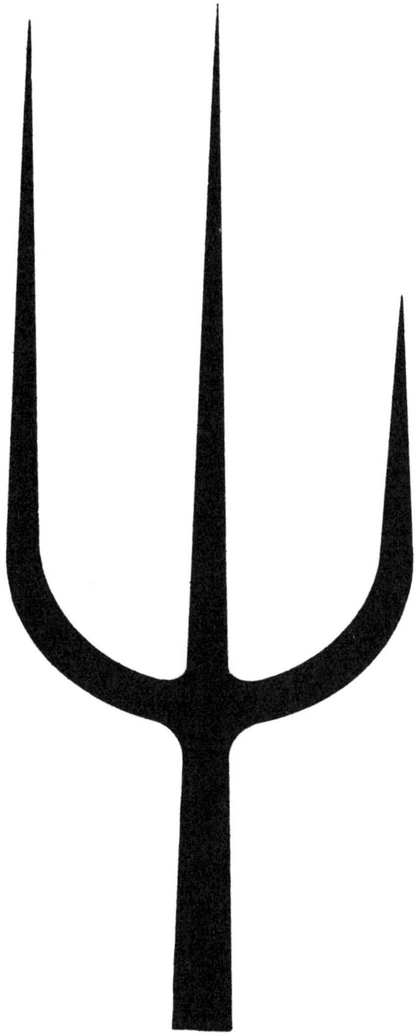

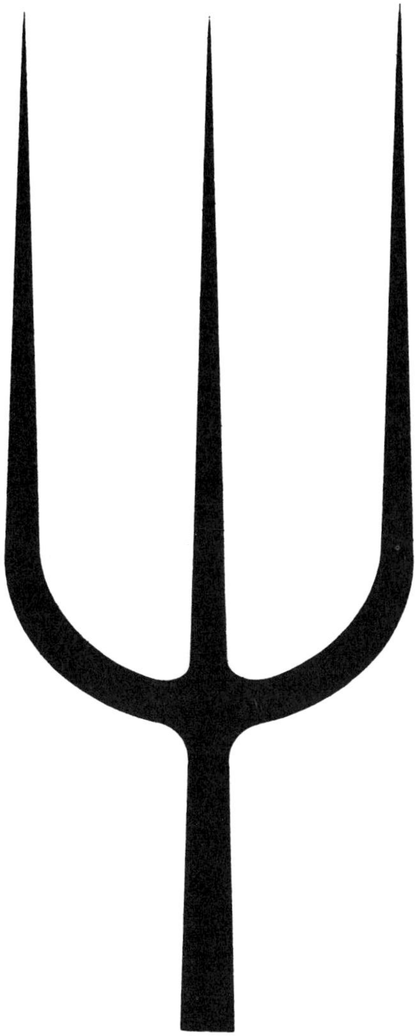

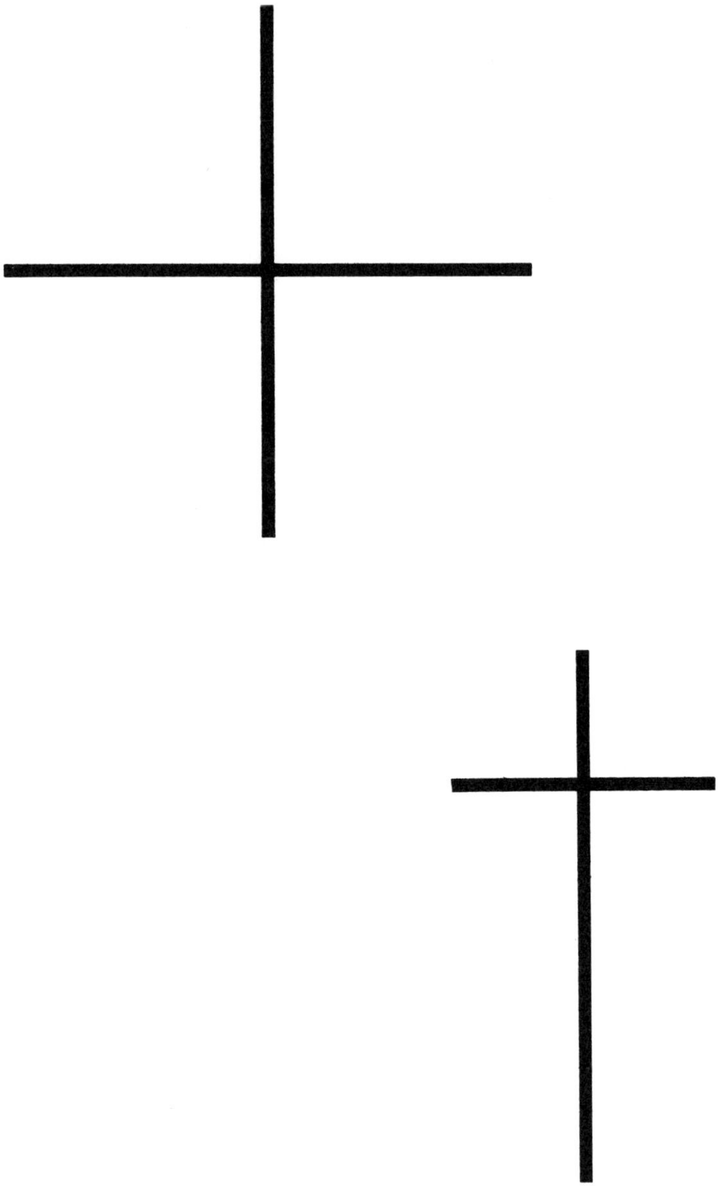

Abb. 29: Links das griechische Kreuz; rechts das römische Kreuz

zwar dem Teil unterhalb des horizontalen (waagrechten) Balkens. (Die Länge oberhalb des waagrechten Balkens ist von geringer Bedeutung.) Die Abbildung 29 (A) zeigt das griechische Kreuz, dessen waagrechter und senkrechter Balken gleich lang sind. Gewöhnlich schwächt es die Lebensenergie nicht. Testen Sie es selbst. Testen Sie dann Abbildung 29 (B), das römische Kreuz, und seien Sie nicht überrascht, wenn es schwächt. Lassen Sie sich danach testen, während Sie den unteren Teil des senkrechten Balkens durch langsames Zudekken allmählich verkürzen, bis er dieselbe Länge wie der waagrechte Arm hat; höchstwahrscheinlich werden Sie nun nicht mehr schwach testen.

Eine andere Art des Kreuzes ist die Swastika (Hakenkreuz), ein Symbol, das vom Altertum bis zur heutigen Zeit häufig auftauchte. Es ist von dem sanskritischen Wort *svastika* abgeleitet und bedeutet „dem Wohlbefinden förderlich". Wir kennen zwei Formen der Swastika: eine im Uhrzeigersinn und eine entgegen dem Uhrzeigersinn (siehe Abb. 30). Die erstere war ein gängiges Symbol für die Sonne, die letztere für die Nacht.

Auch wenn die Swastika ein Emblem für Hitlers Nazipartei in Deutschland war, so ist sie doch noch immer ein Symbol für Wohlstand und Glück. Sogar Juden, die das Konzentrationslager überlebten, werden durch den Anblick positiv beeinflußt; die Ausdruckskraft des Symbols ist also stärker als auf Erfahrung beruhende Gefühle.

Testen Sie selbst die beiden Formen der Swastika und stellen Sie fest, ob die eine oder die andere Sie

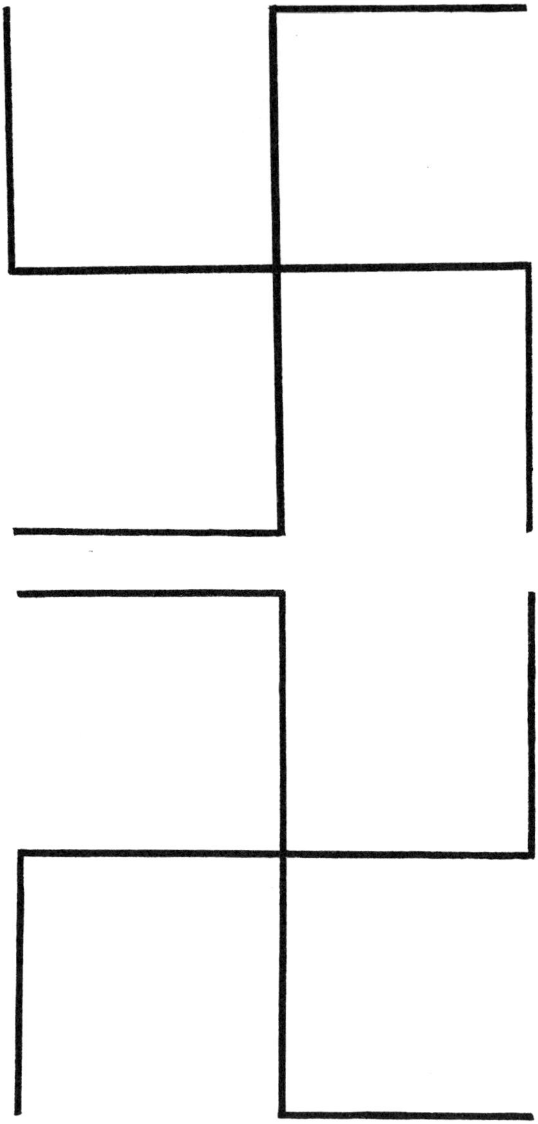

Abb. 30: Oben: die Swastika im Uhrzeigersinn; unten: die Swastika entgegen dem Uhrzeigersinn

schwächt, je nachdem, welche Hirnhemisphäre dominiert. Natürlich wird Sie keine beeinflussen, wenn Sie „zentriert“ sind.

Ich habe in diesem Kapitel nur einige der vielen zu beachtenden Umweltfaktoren herausgegriffen. Schauen Sie sich um und testen Sie alle Dinge, bei denen Sie Zweifel haben.

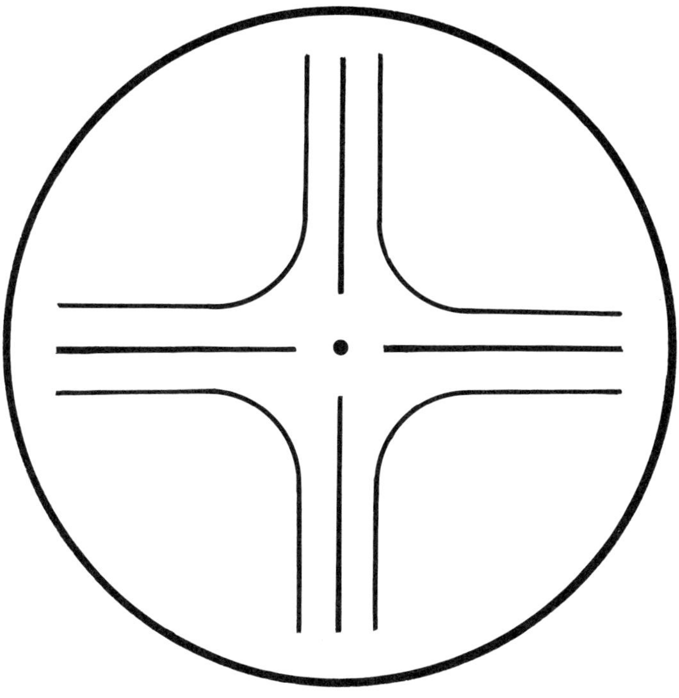

Abb. 31: Ich habe festgestellt, daß dieses Symbol einen ausgleichenden Effekt auf die Hemisphäre ausübt und somit streßreduzierend wirkt. Deshalb habe ich es zum Symbol für die Behaviorale Kinesiologie gemacht.

Copyright © 1977, Institute of Behavioral Kinesiology

Tests können ergeben, daß Stimuli, die bekanntlich schwächend wirken, auf einige Personen (vielleicht auch auf Sie) keinen negativen Einfluß ausüben. Machen Sie sich keine Gedanken darüber. Wenn jemand eine überdurchschnittliche Lebensenergie hat oder „zentriert" ist, wird er von einem gewöhnlich schwächenden Stimulus nicht negativ beeinflußt. Das ist ganz normal! Fast alle negativen Effekte der in diesem Buch aufgeführten Faktoren können ausgeschaltet werden. Ein hohes Niveau an Lebensenergie und ein aktiver Thymus sind die Voraussetzungen. Wenn Sie den hier aufgeführten Richtlinien folgen und Ihren Lebensstil entsprechend umstellen, sind Sie auf dem besten Weg, nicht durchschnittlich, sondern normal zu werden.

9. Die Musik in Ihrem Leben

„My pulse as yours doth temperately keep time,
And makes as healthful music.“

Shakespeare

Ich traf einmal einen Pianisten, dessen blühende Gesundheit mir sofort auffiel. Er war stämmig gebaut, und sein Auftreten hatte etwas Stolzes an sich. Seine Augen waren kristallklar, obwohl er schon Anfang sechzig war, seine Haut war straff und ohne Falten. Was mir aber besonders auffiel, war seine *Energie.*[24]

Ein Test ergab, daß er genauso „stark“ war, wie er aussah. Auf meine Frage nach dem Geheimnis seiner Gesundheit antwortete er, ohne zu zögern: „Ich ernähre mich richtig, ich sitze aufrecht, und ich höre den ganzen Tag gute Musik.“

Diese Aussage ist fast schon eine Zusammenfassung dessen, was ich in diesem Buch vermitteln will. Wie gute Haltung und richtige Ernährung sind die heilenden Qualitäten der Musik notwendige Voraussetzung für eine gute Gesundheit.

Bis zum Ende seines langen Lebens besaß Arturo Toscanini das, was mit ihm arbeitende Musiker Ausstrahlung, ein inneres Feuer, etwas Elektrisierendes oder Anziehungskraft nannten. Sein Gesicht war faltenlos, und seine weißen Zähne, noch immer seine zweiten übrigens, blitzten. Auf der Bühne war er lebhaft, seine Körperhaltung aufrecht, sein Gang federnd und leicht. Obwohl er schon siebzig Jahre alt war, hatte er jahrelang keinen Arzt gesehen. Man sagte sogar, er schwitze reines Wasser.

Die durchschnittliche Lebenserwartung des amerikanischen Mannes liegt bei 68,9 Jahren. Achtzig Prozent der Dirigenten arbeiten jedoch noch mit siebzig Jahren. Die folgende Liste enthält einige langlebige und gesunde Dirigenten mit Altersangabe:

Casals, Pablo 96
Ganz, Rudolph 95
Stokowski, Leopold 95
Mannes, David 93
Panizza, Ettore 92
Paray, Paul 92
Boulanger, Nadia 90
Cameron, Basil 90
Gui, Vittorio 90
Monteux, Pierre 89
Serafin, Tullio 89
Strawinsky, Igor 89
Toscanini, Arturo 89
Boult, Adrian 88
Damrosch, Walter 88
Klemperer, Otto 88
Blech, Leo 87
Ringwall, Rudolph 87
Burgin, Richard 86
Schuricht, Carl 86
Wolff, Albert 86
Ansermet, Ernest 85
Heger, Robert 85
James, Philip 85
Polacco, Giorgio 85
Strauss, Richard 85
Szenkar, Leugen 85
Walter, Bruno 85
Inghelbrecht, Désiré 84
Krueger, Karl 84
Smallens, Alexander 84
Slonimsky, Nicolas 84
Stassevitch, Paul 84
Stiedry, Fritz 84
Böhm, Karl 83
Coppola, Piero 83
Fiedler, Arthur 83
Harrison, Guy Fraser 83
Dohnanyi, Ernest von 82
Hanson, Howard 82
Pelletier, Wilfred 82
Beecham, Thomas 81
Hoogstraten, Willem van 81
Muck, Karl 80
Pfitzner, Hans 80
Rühlmann, Franz 80
Bamboschek, Guiseppe 79
Barlow, Howard 79
Chávez, Carlos 79
Hasselmans, Louis 79
Janssen, Werner 79
Mengelberg, Willem 79
Ross, Hugh 79
Sokoloff, Nikolalai 79
Wallenstein, Alfred 79
Goldman, Edwin Franko 78
Golschmann, Vladimir 78
Ormandy, Eugene 78
Malko, Nicholai 78
Steinberg, William 78
Stewart, Reginald 78
Weingartner, Felix 78
Barzin, Leon 77
Clifton, Chalmers 77
Knappertsbusch, Hans 77
Konwitschny, Franz 77
Kostelanetz, André 77
Kurtz, Efrem 77
Munch, Charles 77
Talich,Vaclav 77
White, Paul 77
Amfiteatroff, Daniele 76
Brico, Antonia 76
Georgescu, Georges 76

Kajanus, Robert 76
Koussevitzky, Serge 76
Lange, Hans 76
Maganini, Quinto 76
Marx, Burle 76
Rossi, Mario 76
Saminsky, Lazare 76
Williamson, John Finley 76
Abravanel, Maurice 75
Jochum, Eugen 75
Sabata, Victor de 75
Schneevoigt, Georg 75
Sevitzky, Fabian 75
Wood, Henry 75
Boepple, Paul 74
Defauw, Désiré 74
Ghione, Franco 74
Horenstein, Jascha 74
Konoye, Hideman 74
Mravinsky, Eugen 74
Plotnikoff, Eugene 74
Reiner, Fritz 74
Scherchen, Hermann 74
Abendroth, Hermann 73
Black, Frank 73
Enesco, Georges 73
Fischer, Edwin 73
Szell, George 73
Dorati, Antal 72
Kletzki, Paul 72
Molinari, Bernardino 72
Sargent, Malcolm 72
Coates, Albert 71
Mahler, Fritz 71
Barbirolli, John 70
Karajan, Herbert von 70
Dessoff, Margarete 70
Van Otterloo, Willem 70

Es ist allgemein bekannt, daß berühmte Dirigenten ein außergewöhnlich langes, produktives und gesundes Leben führen und genießen. Es gibt aber noch keine Antwort auf die Fragen nach dem Wie und Warum. Warum leben diese Maestros so lange in einer Welt voller Herzattacken, Schlaganfälle und degenerativer Krankheiten im Alter? Worin steckt ihr Geheimnis, und wie können wir es für unser Leben nutzen?

Dieses sind einige der Fragen, mit denen ich mich in den letzten 25 Jahren beschäftigt habe. Ich habe durch meine Forschung einige interessante Antworten erhalten; Antworten, die für jeden, der die Qualität seines Lebens verbessern möchte, von großer Bedeutung sind.

Mit Hilfe der Testmethoden der Behavioralen Kinesiologie habe ich demonstriert, daß unser Körper zwischen wohltuenden und schädlichen Klängen unterscheiden kann, daß er den Unter-

Abb. 32: Die enorme Lebensenergie Arturo Toscaninis. Überprüfen Sie, wie er auf Sie wirkt. So hat er über 70 Jahre lang die Mitglieder seines Orchesters beeinflußt.

schied zwischen den verschiedenen Darbietungsformen ein und derselben Komposition erkennt und daß bestimmte Klänge eine große Hilfe für unseren Körper darstellen.

Selbst bei völlig verschlossenen Ohren reagiert der Körper noch auf Klänge, da wir nicht nur mit den Ohren, sondern auch mit dem übrigen Körper „hören".

Nehmen wir an, ein bestimmtes Energiesystem oder ein bestimmter Akupunkturmeridian ist schwach. Wenn wir nun die Ohren abdichten und die dazugehörigen Muskeln testen, während wir „gute" Musik abspielen, wird der Indikatormuskel stark. Legen wir dann, zusätzlich zum Abdichten der Ohren, Kissen oder ein anderes schallabsorbierendes Material auf die entsprechenden Meridianpunkte, wird kein positiver Effekt mehr ausgeübt, der Muskel ist wieder schwach. Wenn wir aber die Kissen auf den Punkten lassen und den Lärmschutz, mit dem wir den Hörsinn ausgeschaltet haben, bei noch immer spielender Musik entfernen, wird der Indikatormuskel wieder stark. Wir haben also das Hören mit den Ohren vom Hören mit dem Körper getrennt. Das letztere ist oft zuverlässiger bei der Beurteilung, was eigentlich gut für uns ist. Wie unser Körper, so hat auch die Musik einen Puls. In gesundem Zustand stehen wir in Verbindung mit unserem „inneren Puls", den Dr. Manfred Clynes treffend als „Schlüssel zum Einfühlungsvermögen, das wir bei einem Komponisten erleben", beschreibt. Weiter sagt er: „Der innere Puls repräsentiert einen bestimmten Standpunkt ... Wie der Takt des Dirigenten, der rhythmische Wechsel, der in seiner Dynamik modifiziert wird, so ist das Phänomen des inneren Pulses ... eigentlich ein von innen bestimmter Takt."[25]

Dieser innere Puls, der für einen Dirigenten unentbehrlich ist,[26] scheint der Schlüssel zu seinem langen Leben zu sein. George Szell, selbst ein berühmter Dirigent, schrieb einmal über Toscanini: „Von der ersten bis zur letzten Note war alles ein einziges Pulsieren und Leben ... Man ging völlig im Musizieren auf und war eins mit ihm und dem Komponisten." Jede Geste des Dirigenten reflektiert die völlige Übereinstimmung mit dem inneren Puls. Aus der Behavioralen Kinesiologie wissen wir nun, daß jede Geste die Reaktion des Körpers auf das Bedürfnis ist, eine Unausgeglichenheit in einem bestimmten Energiesystem zu korrigieren. Somit bringt der Dirigent mit seinen täglichen Bewegungen bestimmte Energiesysteme in Balance und genießt zugleich die heilenden Qualitäten der Musik.

Wenn wir die richtigen Klänge hören, können wir alle belebt, mit Energie angereichert und in Balance gebracht werden. Übereinstimmend mit dem hat man klinisch demonstriert, daß Musik zur allgemeinen Gesundheit und zum Wohlbefinden beiträgt. Folglich kann Musik eine wichtige Rolle in unserem Programm für primäre Prävention spielen, sie kann uns helfen, Krankheiten auf der vorärztlichen Ebene der Energieausgeglichenheit zu verhindern.

Durch die Geschichte hindurch ist der therapeutische Wert der Musik erkannt und respektiert worden. Er wird schon in den frühen Schriften der Chinesen, Griechen, Ägypter, Perser und Hindus erwähnt.

Manly P. Halls Diskussion des therapeutischen Wertes der Musik enthält zwei interessante Berichte darüber, wie die Mitglieder der pythagoreischen Gemeinde die Musik verwendeten. Eine Geschichte erzählt von einem rachsüchtigen Liebhaber, dem ein Mädchen den Laufpaß gegeben hat; seine Wut und sein Groll verschwinden sofort, als ein Pythagoreer einige Akkorde auf einer Laute spielt. Die zweite Geschichte handelt von einem wahnsinnigen, gewalttätigen Jugendlichen, der „wie in Trance weggeführt“[27] wird, als ein geistesgegenwärtiger Pythagoreer einen einzigen Akkord auf einer Lyra zupft. Pythagoras selbst war sich der therapeutischen Wirkungen der Musik bewußt. Hall berichtet, daß er „viele geistige, seelische und körperliche Beschwerden linderte“, indem er speziell für den Leidenden komponierte Musik spielte. Die Pythagoreer begannen und beendeten jeden Tag mit Liedern; des Morgens dienten sie dazu, den Geist vom Schlaf zu reinigen und ihn auf die Aktivitäten des kommenden Tages vorzubereiten, des Abends waren sie beruhigend und entspannend.

Es ist seit langem bekannt, daß das Geräusch fließenden Wassers beruhigen und zuweilen beleben kann. So sind Wasserfälle und plätschernde Bäche schon immer günstige Orte zum Meditieren gewesen. Dementsprechend wurde die Alhambra, der Maurenpalast im südlichen Spanien, so konstruiert, daß man das Wasser, das aus Springbrunnen emporstieg und aus Düsen und Mäulern von Steinlöwen floß, in jedem Zimmer und in jeder Nische hören konnte. Ein kleiner Bach oder ein Wasserfall ist nun in Ihrem normalen Haus oder in Ihrer Stadtwohnung leider nicht möglich, aber eine Dusche ist immer da.

Sie können Ihren schwachen Thymus stärken, indem Sie sich unter die Dusche stellen. Drei Faktoren sind dafür verantwortlich: erstens der ausgleichende und therapeutische Effekt des Geräusches fließenden Wassers; zweitens der stimulierende Effekt des Wassers, da es die Akupunkturmeridiane aktiviert; drittens die negativen Ionen, die das fließende Wasser produziert.

Sie werden wahrscheinlich feststellen, daß der therapeutische Effekt nach dem Duschen nicht lange anhält. Er kann jedoch beträchtlich verlängert werden, wenn Sie auf den Thymuspunkt klopfen und aufrecht unter der Dusche stehen.

Im folgenden gebe ich Ihnen eine persönliche Erfahrung mit positiven Effekten natürlicher Geräusche wieder.[28] Als ich vor einiger Zeit feststellte, daß ich mich einem chirurgischen Eingriff unterziehen müsse, bekam ich Angst davor, ins Krankenhaus zu gehen. Die Ursache war nicht nur der Eingriff selbst, sondern auch der Geräuschpegel moderner amerikanischer Kliniken: der Krach der Maschinen, der Fernsehapparate, der lauten Unterhaltungen, der Durchsage-Sprechanlage. Nach langem Suchen fand ich eine mexikanische Klinik, in der nicht nur der von mir gewünschte Eingriff vorgenommen werden konnte, sondern auch eine reizende und therapeutische Atmosphäre herrschte. Singvögel, die im Innenhof gehalten wurden, sorgten von früh morgens bis spät abends für meine Ausgeglichenheit. Ich nahm diese Vögel auf Band auf und demonstrierte seitdem viele Male an ihren Liedern, welche Heilkräfte in natürlichen Geräuschen stecken. Dabei sind Aufnahmen von schnurrenden Katzen besonders wirkungsvoll.

Vor einigen Jahren nahm meine Erforschung der Musikeffekte eine unerwartete Wendung. Während eines Einkaufsbummels wurde ich in der Schallplattenabteilung eines großen New Yorker Geschäftes schwach und unruhig und ich fühlte mich unwohl; die dort gespielte Rock-Musik brachte die Abteilung geradezu zum Vibrieren. Ich tat das, was nahe lag: Ich testete den Effekt dieser Art von Musik kinesiologisch.

Bei Hunderten von Testpersonen stellte sich heraus, daß Rock-Musik häufig eine Schwäche aller Körpermuskeln auslöst. Normalerweise ist beim männlichen Erwachsenen ein Druck von 40 bis 45 Pfund notwendig, um die Kraft des starken Deltamuskels zu überwinden. Dagegen ist nur ein Druck von 10 bis 15 Pfund notwendig, wenn Rock-Musik abgespielt wird.

Wir haben es hier mit einem weit ernsteren Problem als „nur" einer Thymusschwäche zu tun, die natürlich auch ausgelöst wird. Wird ein Indikatormuskel beim Testen ohne Thymuspunkt-Berührung schwach, ist das Energieproblem sogar noch schlimmer. Wie ich schon zuvor beschrieben habe, steht jeder größere Körpermuskel mit einem Organ in Verbindung. Das bedeutet, daß die tägliche Flut von Pop-Musik alle unsere Körperorgane negativ beeinflußt. Wenn wir einmal die Stunden, in denen auf der ganzen Welt Radio gehört wird, zusammenzählen, erkennen wir, mit welch enormem Problem wir konfrontiert werden.

Nicht alle Rockaufnahmen lösen diesen Effekt aus, und eine bestimmte Band muß nicht unbedingt durchgehend schwächend wirken. Zu den Bands und Sängern, die dazu neigen, unsere Muskeln zu schwächen, gehören z. B.: The Doors, The Band, Janis Joplin, Queen, America, Alice Cooper, Bachman-Turner-Overdrive und Led Zeppelin. Dagegen ist es bei den Beatles nie der Fall. Außerdem müssen wir bedenken, daß wir, strenggenommen, nur über bestimmte Arten der Rock-Musik sprechen. Rock'n' Roll (ein Vorgänger der Rock-Musik), Country & Western, Jazz und andere Musikrichtungen haben keine negative Wirkung.

Sie können leicht Ihre Lieblingsschallplatten überprüfen. Testen Sie bei einer Testperon den Indikatormuskel ohne Testpunktberührung, d. h., ohne daß sie den Thymuspunkt oder irgendeinen anderen Körperpunkt berührt; der Muskel sollte stark sein. Spielen Sie dann die Schallplatte ab. Wird der Indikatormuskel schwach, übt die Musik einen negativen Effekt auf die Lebensenergie aus; bleibt er stark, ist sie nicht schädlich.

Wenn Sie von der schwächenden Wirkung der Rock-Musik noch immer nicht überzeugt sind, so gehen Sie in ein Musikgeschäft und suchen Sie sich eine elektronische Orgel mit einer Tastatur für verschiedene Takte (Walzer, Marsch, Rumba, Foxtrott, Beguine usw.) aus. Drücken Sie die Rock-Taste und testen Sie jemanden, dessen Indikatormuskel stark ist. Wie beim Abspielen einer Rockschallplatte wird der Muskel schwach. Die anderen Tasten lösen diesen Effekt jedoch nicht aus.

Was an dem sogenannten Rocktakt ist für den schwächenden Effekt verantwortlich? Eine sorgfältige Prüfung vieler Rockschallplatten ergibt, daß ein gängiges Merkmal der Takt: da-da-Da ist.[29] In der Dichtung wird dieser Takt Anapäst genannt.

Dieser anapästische Takt, mit den Händen geklatscht oder auf irgendeine Art geklopft, löst denselben Effekt wie der Takt der elektronischen Orgel oder die Rockschallplatte aus. Die schädliche Wirkung bleibt jedoch aus, wenn der Takt schnell genug geschlagen wird. Warum? Beim anapästischen Takt entsteht nach jedem Taktstrich eine Pause; auch in der schwächend wirkenden Rock-Musik scheint es diese Pause zu geben; es entsteht der Eindruck, daß die Musik anhält und dann wieder beginnt, und der Zuhörer „hält" folglich nach jedem Taktstrich im Unterbewußtsein „an". Das Gegenteil des Anapästs ist der Daktylus oder Walzertakt: Da-da-da, den ein gleichmäßiges Fließen kennzeichnet. Diese Erklärung für den schwächenden Effekt der Rockmusik liegt nahe, doch es muß nicht die einzige sein.

Lassen Sie uns kurz zur Erklärung dieses Phänomens die inneren Geräusche des Körpers erläutern.

Man kann mit hochempfindlichen elektronischen Geräten arterielle Geräusche aufnehmen. Als ich einem meiner Patienten einmal die Aufnahme seiner Oberschenkelarterie vorspielte, rief er: „Mein Körper tanzt ja Walzer!" Die Hauptarterien in den Extremitäten scheinen wirklich nach einem walzerartigen Takt zu schlagen. Auch die Herzgeräusche kann man als walzerartig bezeichnen, wobei der jeweils dritte Schlag nur schwach oder angedeutet ist. Einige andere Arterien kennzeichnet diese Tonfolge ebenso.

Es mag sein, daß in uns eine Streßalarmreaktion ausgelöst wird, wenn wir den anapästischen Takt hören, und dadurch wiederum der Indikatormuskel schwach wird. Der schwächende Rhythmus ist anscheinend genau das Gegenteil des normalen physiologischen Rhythmus des Körpers.

Der frühe Rock'n'Roll-Rhythmus wurde übrigens nicht durch die Pause nach jedem Taktstrich unterbrochen. Robert Palmer, ein Musikkritiker, sagte einmal: „Wenn der Rock'n'Roll wirklich rockt *und* rollt, ist er eine Kombination aus unwiderstehlicher Vorwärtsbewegung, einem schweren Grundtakt und einer gewissen Leichtigkeit oder einem wiegenden Rhythmus ..."[30] Irgendwann in der Geschichte der Rock-Musik scheint also das Rollen verlorengegangen zu sein.

Bei meinen Untersuchungen bin ich bisher auf nur zwei Stücke klassischer Musik gestoßen, die Muskelschwäche hervorrufen: das Ende von Strawinskys „*Rite of Spring*“ und das Ende von Ravels „*La Valse*“. In beiden Fällen versuchte der Komponist, einen Eindruck von Chaos zu vermitteln, mit Erfolg, wie man sieht.

La Valse beginnt als typischer Walzer, endet aber als Parodie, da die Musik sich in ein Crescendo von Dissonanzen auflöst. Einige Dirigenten (z. B. Charles Munch) versuchen, den gleichmäßigen Takt des Walzers beizubehalten; am Höhepunkt der Vorträge dieser Dirigenten tritt keine Schwäche auf, wie Tests ergaben. Andere Dirigenten sehen die Musik jedoch viel satirischer (z. B. Pierre Monteux) und lösen den Rhythmus am Ende absichtlich auf; der Indikatormuskel einer Testperson wird in diesem Fall tatsächlich schwach.

Von den gut über 20 000 Schallplatten aller Musikrichtungen, die ich bisher getestet habe, löste nur noch eine weitere Passage eine Schwäche des Indikatormuskels aus: Es war ein Stück haitianischer Voodoo-Trommelmusik. Bei allen anderen konnte ich keinen negativen Effekt feststellen.

Der schwächende Effekt, der als Diamond-Effekt bekannt wurde, wird fast nur von moderner Pop-Musik hervorgerufen. Nach meinem Wissen entstand diese Musik in den frühen sechziger Jahren und hat sich seitdem so ausgebreitet, daß sie heutzutage in den „Top Ten“ stark vertreten ist. Für dieses Eindringen in die Musikindustrie benötigte sie nicht mehr Zeit als die letzten fünfzehn Jahre.

Wofür ist die Rock-Musik noch verantwortlich? Mit den Methoden der Behavioralen Kinesiologie konnte ich demonstrieren, daß das Phänomen „Switching“ auftritt, wenn ein schwächender Takt gespielt wird; die Symmetrie der zerebralen Hemisphären geht verloren, subtile Wahrnehmungsprobleme und eine Reihe anderer Streßmanifestationen treten auf (siehe Kap. 5). Der gesamte Körper wird in einen Alarmzustand versetzt. Die Veränderungen in der Wahrnehmung können sich bei Kindern in Form von Leistungsabfall in der Schule, Hyperaktivität und Ruhelosigkeit äußern; bei Erwachsenen in Form von verminderter Leistungsfähigkeit am Arbeitsplatz, zunehmenden Fehlleistungen, allgemeiner Unfähigkeit, verminderter Entscheidungsfähigkeit und einem quälenden Gefühl, daß alles einfach nicht so ist, wie es sein sollte; kurzum, es kommt zu einem Energieverlust aus nicht ersichtlichem Grund. Hunderte von Male ist dies klinisch beobachtet worden. Ich selbst habe festgestellt, daß sich die schulischen Leistungen vieler Kinder beträchtlich bessern, wenn sie damit aufhören, mit Rock-Musik im Hintergrund zu lernen.

Es gibt zahlreiche Möglichkeiten, diese Ergebnisse auch auf die Arbeitswelt zu übertragen.[31] Ein Beispiel: In einer Fabrik für hochempfindliche elektronische Geräte, in der die Arbeit Konzentration und einen klaren Kopf erfordert, wurden die Arbeiter ständig von Musik berieselt, zum großen Teil von Rock-Musik. Auf Empfehlung wechselte die Verwaltung die Musikrichtung und stellte zu ihrer Freude einen sofortigen Anstieg der Produktivität und eine ebenso erfreuliche Abnahme der Fehlleistungen fest, obwohl die Angestellten ihre Unzufriedenheit über die Absetzung ihrer Lieblingsmusik lautstark zum Ausdruck brachten.

Die Tatsache, daß die Arbeiter ihre Rock-Musik sehr stark vermißten, ist von Bedeutung. Die Rock-Musik scheint wie eine Droge zu wirken: Wiederholtes Hören führt dazu, daß man sie sucht. Es wird die bevorzugte Musik, und es scheint, daß das dadurch ausgelöste „Switching" eher der normale als der abnormale physiologische Zustand ist. Das Tanzen auf Rock-Musik löst außerdem auch das „Switching" aus, da es das gleichseitige Bewegungsmuster beinhaltet (rechter Arm und rechtes Bein zugleich, linker Arm und linkes Bein zugleich). Eigentlich wird der Tänzer schon durch die Musik in den Zustand des „Switching" versetzt und geht als Folge zum gleichseitigen Bewegungsmuster über (vgl. dazu Kap. 5). Die Tanzbewegungen nach diesem Muster verstärken dann das „Switching" noch.

Wenn dann das „Switching" sozusagen erst einmal tief verwurzelt ist, stehen wir vor einem ernsten Problem, dessen Ausmaß das im folgenden beschriebene Ergebnis verdeutlicht: Wenn eine normale Testperson raffinierten Zucker ißt, werden alle Indikatorenmuskeln schwach, wie Sie wahrscheinlich auch in früheren Experimenten festgestellt haben. Wenn sich die Testperson aber im „Switching-Zustand" befindet, tritt oft genau das Gegenteil ein: Die Person wird bei raffiniertem Zucker stark und bei rohem, natürlichem Honig schwach! *Der Körper scheint nicht länger unterscheiden zu können, was gut und was schädlich für ihn ist. In der Tat zieht der Körper das Destruktive dem Therapeutischen vor.* Denken Sie nun einmal an die Millionen von Menschen, die Stunde für Stunde der Rock-Musik ausgesetzt sind und so ständig in den Zustand des „Switching" und folglich in einen Streßzustand versetzt werden.

Geringere Lautstärke kann das Problem nicht lösen, auch bei leisem Abspielen fordert die Rock-Musik ihren Tribut. Diese Erkenntnis brachte mich dazu, die Auswirkung von Krach auf den Körper zu untersuchen. Wenn man sich tagsüber an eine Straßenecke in Manhattan stellt, wird man gewöhnlich nicht geschwächt. Erst wenn der Geräuschpegel achtzig Dezibel[32] erreicht, wie es oft der Fall ist, wird der Indikatormuskel schwach. Beachten Sie, daß wir es hier mit zwei verschiedenen Effekten zu tun haben: Der eine (Rock-Musik) wird von einem bestimmten abnormalen Rhythmus ausgelöst, die Lautstärke spielt dabei keine Rolle; im zweiten Fall wirkt ein Geräusch nur ab einer bestimmten Lautstärke schwächend.

Zusammengefaßt: Man kann Krach definieren als ein Geräusch, das ab einer bestimmten Intensität die Körperenergie schwächt. Schädliche Musik hat bei jeder Lautstärke diesen negativen Effekt. Muzak und der größte Teil der elektronischen Musik wirken sich weder positiv noch negativ aus. Gute Musik und fast alle natürlichen Geräusche stärken bei jeder Lautstärke. Wenn Sie aber gute

Musik so laut abspielen, daß es zu Verzerrungen kommt, wird ein schwächender Effekt ausgelöst.

Hinsichtlich Musik machte ich neulich eine überraschende Feststellung. Fast jeder testet schwach, wenn er die Note C isoliert hört, unabhängig vom Instrument. Bei Noten, die am weitesten von C entfernt liegen (F oder G), testet der Zuhörer stark, bei Noten nahe an C (A, B oder D) neigt er dazu, schwach zu testen, und fast immer ist dies, wie ich schon gesagt habe, bei der Note C der Fall.

Ich kann nicht erklären, warum das so ist, aber ich kann Ihnen meine Vermutung mitteilen. C ist die „Ich-bin-Frequenz" genannt worden; es ist angeblich die Grundtonart, d. h. die Tonart, die uns am vertrautesten ist. Es könnte sein, daß wir, wenn wir über wenig Lebensenergie verfügen, von dem eigentlich grundlegenden und natürlichsten Ton am meisten beeinflußt werden.

Wenn Sie jemandem zeigen möchten, daß er mit den Klängen um sich herum in enger Verbindung steht, so spielen Sie einfach den Ton C und testen Sie seinen vorher starken Indikatormuskel. Achten Sie darauf, wie sein Gesicht Überraschung zeigt, wenn sein Muskel schwach wird.

In diesem Kapitel habe ich gezeigt, wie wohltuend ein großer Teil der Musik und natürliche Geräusche sein können. Die Hauptakupunkturpunkte des Körpers warten nur darauf, die Vibrationen aufzunehmen und so das Energiesystem in Balance zu bringen und die Lebensenergie zu wecken.

10. Die Lebenskraft in Ihrer Nahrung

„Nutriment is not nutriment if it have not its power ...
Nutriment in name, not in deed.“
(Nahrung ist nicht Nahrung, wenn sie keine Kraft hat ...
Nahrung dem Namen nach, aber nicht der Leistung nach.)

Hippokrates

Fast alle Ernährungsfachleute sind sich in bestimmten Punkten einig. So stimmen sie darin überein, daß die technologische Revolution die natürliche Qualität unserer Nahrung stark verändert hat, denn unsere Nahrungsmittel werden heute stärker als je zuvor einer Raffinierung unterzogen. Und diese Raffinierung reduziert und zerstört sogar die Lebensenergie in der Nahrung. Unser Körper enthält Lebensenergie, genau wie die natürlichen Nahrungsmittel, die wir uns zuführen. Je mehr sie bearbeitet werden, desto weniger Lebensenergie, wenn überhaupt welche, wird übrigbleiben.

Versichern Sie sich, daß der Indikatormuskel einer Testperson stark ist; legen Sie ihr dann ein wenig raffinierten Zucker auf die Zunge und testen Sie erneut; fast immer[33] wird der Indikatormuskel, wie auch jeder andere Körpermuskel, schwach werden. Geben Sie der Testperson jetzt etwas rohen, nicht erhitzten, ungefilterten Honig in den Mund und testen Sie wieder; die Schwäche, die der Zucker verursacht hat, wird wahrscheinlich verschwunden sein. Der Honig wirkt nicht nur nicht schwächend, er hat darüber hinaus sogar eine stärkende Wirkung. Und doch behaupten einige akademische Ernährungswissenschaftler, daß Zucker gleich Zucker ist, daß es also keinen Unterschied gibt. Der Körper selber, der ein viel zuverlässigerer Biochemiker als jeder auf diesem Gebiet ausgebildete Mensch ist, sagt jedoch genau das Gegenteil; er zeigt die Unterschiede auf, zeigt auf, daß die Lebensenergie gestärkt oder geschwächt werden kann, daß sowohl schädliche als auch günstige Wirkungen erreicht werden können.

Wir können auf ähnliche Art die meisten bearbeiteten Lebensmittel, die leider den überwiegenden Teil unserer Ernährung ausmachen, testen. Testen Sie einmal Brot aus Auszugsmehl und weißem Zucker, danach Vollkornbrot ohne Zusatz von Zucker, und stellen Sie selbst den Unterschied fest.

Das Problem bei weißem Zucker und Mehl liegt in dem „Raffinationsprozeß", dem das Zuckerrohr und das Korn unterzogen werden.

Die Zuckerindustrie und das Brotgewerbe sprechen von der „Raffination" der natürlichen Nahrung; diese Bezeichnung ist jedoch irreführend: Wenn ich meine Gedanken raffiniere (verfeinere), mache ich sie klarer, exakter, frei von Unwesentlichem und Trugschlüssen; wenn ich als Laie eine Skulptur forme, wird sie weit weniger kultiviert sein als jedes Werk Rodins, das, anders ausgedrückt, über mehr Details und Anmut verfügt und nichts Überflüssiges besitzt. Die „Kultivierung" der Nahrungsmittelindustrie sieht aber so aus, daß man die Nährstoffe zerstört, bis die Nahrung geeignet für die Lagerung ist.

Einige „Nahrungsmittel“ besitzen dann so wenig Lebensenergie, daß der Indikatormuskel schon beim Testen ohne Testpunktberührung schwach wird. Andere wirken weniger schwächend, in diesen Fällen testen wir mit gleichzeitiger Berührung des Testpunktes. Wenden Sie auf jeden Fall beide Methoden an, um sicherzugehen, ob ein Nahrungsmittel energiespendend wirkt. Die einzelnen Schritte beim Nahrungstest sehen im allgemeinen folgendermaßen aus:

1. Überprüfen Sie zunächst ohne Thymuspunktberührung, ob der Indikatormuskel der Testperson stark ist.
2. Die Testperson nimmt einen kleinen Bissen des entsprechenden Nahrungsmittels in den Mund, ohne es jedoch herunterzuschlucken.
3. Testen Sie erneut den Indikatormuskel.
4. Wenn der Indikatormuskel schwach wird, nimmt die Testperson das Nahrungsmittel aus dem Mund und spült ihn mit Wasser aus.
5. Wenn der Muskel stark bleibt, testen Sie noch einmal, während die Testperson gleichzeitig ihren Thymuspunkt berührt (das Nahrungsmittel befindet sich noch im Mund).
6. Wenn der Indikatormuskel bei beiden Testmethoden schwach wurde, testen Sie noch einmal, nachdem das Nahrungsmittel aus dem Mund entfernt wurde, um sich zu vergewissern, ob er inzwischen wieder stark geworden ist.

7. Die Testperson soll den Mund mit Quell- oder destilliertem Wasser ausspülen, bevor das nächste Nahrungsmittel getestet wird.

Testen Sie auch Ihre Fernsehhäppchen. Ihre Eiscreme und Ihre Süßigkeiten, die zubereiteten Frühstücksflocken, Ihre Maraschinokirschen, alkoholischen Getränke, sogar Ihr Leitungswasser. Wenn der Test eine Schwächung ergibt, denken Sie daran, daß das weitere Zusichnehmen des Nahrungsmittels sicherlich nicht günstig für Gesundheit und primäre Prävention ist, sondern die Lebensenergie schwächt und Energieunausgeglichenheit hervorruft. Schließlich liegt der Sinn des Essens in der Energieaufnahme und nicht im Energieverlust. Testen Sie aber selbst, Ihr Körper wird schon darüber urteilen, was das Richtige ist.

Lebensmittel, die Zusatzstoffe enthalten, stark raffiniert oder gespritzt wurden, lösen gewöhnlich eine Schwächung aus. Umgekehrt üben biologisch angebaute Nahrungsmittel fast immer einen stärkenden Effekt aus. Wenn z. B. jemand mit schwachem Thymus einen ungespritzten Apfel ißt, ist er danach gewöhnlich stark. Natürliche Nahrungsmittel wie Obst und Gemüse, Getreide, Eier, Nüsse, Körner, Hühnerfleisch und das Fleisch vieler Fischarten wirken stärkend, wenn sie nicht gespritzt oder behandelt wurden.

Wenn Sie selbst die schädliche Wirkung von Pestiziden überprüfen wollen, sprühen Sie nur etwas in Ihrem Zimmer aus und testen Sie, wie die zuvor starke Thymusdrüse schwach wird.

Ein interessantes Ergebnis ist dabei die Tatsache, daß die schädlichen Effekte von nicht-biologisch angebautem Obst beträchtlich verringert werden, wenn die Körperhaltung beim Essen korrekt ist (siehe Kap. 11 über die Körperhaltung).

Glücklicherweise kann unser Körper sehr genau und sofort zwischen „guten“ und „schlechten“ Nahrungsmitteln unterscheiden, wir müssen dazu nicht die Gesundheitsbehörden oder einen Biochemiker fragen, sondern einfach unseren Körper mit Hilfe des BK-Tests. Den Streit um den Saccharin-Süßstoff können Sie z. B. auf diese Art innerhalb von Sekunden lösen.

Wie können wir von unseren Kindern erwarten, daß sie sich vernünftig ernähren, wenn sie ständig mit Fernsehwerbespots und anderen Arten der Werbung bombardiert werden und so die Schmackhaftigkeit und Gesundheit unguter Nahrung angepriesen bekommen? Der einfachste Weg, dieser Entwicklung entgegenzuwirken, ist ein kinesiologischer Test des Kindes, der wie beim Erwachsenen durchgeführt wird. Geben Sie ihm einen kleinen Bissen des entsprechenden Nahrungsmittels und lassen Sie es den Unterschied selbst „fühlen“. Kinder sind sehr empfänglich für diesen Test, besonders wenn sie erkennen, wie sich ihre sportliche Leistung verbessert, wenn sie aufhören, „schlechte“ Nahrung zu sich zu nehmen. Eigentlich sind sie viel zugänglicher als Erwachsene (daher richten sich auch viele Werbespots über Nahrungsmittel an Kinder). Erwachsene erheben dagegen gewöhnlich alle möglichen Einwände, wie z. B.: „Du drückst zu stark auf meinen Muskel!" Sie wollen oft einfach die Wahrheit nicht erfahren: Daß die Nahrung, die sie zu sich nehmen, oft nicht energiespendend, sondern schwächend wirkt.

In der Werbung wird Nahrung als „gut" dargestellt, als wenn ihr etwas Moralisches anhaften würde. Und die Leute sagen: „Es mag zwar nicht gesund sein, aber es schmeckt bestimmt gut." Meistens schmeckt es aber nicht so „gut", wie wir glauben; wir sind lediglich so konditioniert worden, bestimmte Geschmacksrichtungen als angenehm zu betrachten. Von Kultur zu Kultur gibt es große Unterschiede im Geschmack, der meistens durch frühe Konditionierung festgelegt wird. In unserer Gesellschaft wird er so von der Werbung beeinflußt, daß er nicht länger als zuverlässiger Maßstab bei der Beurteilung von Nahrungsmitteln gelten darf.

Die Austestung vieler Nahrungszusätze hat ergeben, daß sie alle den Thymus schwächen und manchmal sogar den Indikatormuskel auch ohne Thymuspunktberührung schwach werden lassen. Diese Feststellung stimmt mit den Ergebnissen der Forschung über die Effekte von Nahrungsmitteln und Zusätzen auf hyperaktive Kinder überein.

Ich erinnere mich an Zwillingsschwestern, sechs Jahre alt, die zu mir gebracht wurden, da sie in der Schule nicht zu bändigen waren. Sie litten an starken Bauchkrämpfen; ihr Verhalten war katastrophal. In meiner Praxis rannten sie herum, warfen

Stühle um, schlugen gegen die Türen, sie waren ständige Nervensägen. Ich zeigte ihnen mit Hilfe des Muskeltests, wie Zucker sie schwächte und wie Äpfel (biologisch angebaut) und roher, ungefilterter, nicht-raffinierter Honig sie stärkte, und erklärte ihnen, wie sich dies auf ihre sportliche Leistung in der Schule auswirkte, woraufhin sie gewillt waren, andere Dinge als vorher zu essen. Ihre Mutter vermied Nahrungsmittel, die ganz offensichtlich Zusatzstoffe enthielten, und alle Arten raffinierten Zuckers und ersetzte sie durch natürliche Süßstoffe wie Obst und rohen, nicht-raffinierten Honig.

Als die Zwillinge nach zwei Wochen wieder zu mir kamen, litten sie nicht mehr unter den Bauchkrämpfen, und ihr Verhalten hatte sich gebessert. Beim nächsten Besuch waren sie die idealen Patienten: Sie verhielten sich ruhig und anständig im Wartezimmer und hatten ihre Energien unter Kontrolle. In der Schule zeigten sie ihren Klassenkameraden, wie die Limonade und die Süßigkeiten sie schwächten; woraufhin die anderen Schüler versuchten, ihr „junk food" (amerikanisch für minderwertige Nahrung) gegen die Äpfel der Zwillinge zu tauschen.

Ein guter Behandler kann seinen Patienten nach Abschluß der vollständigen kinesiologischen Testserie ein umfangreiches Programm zur Nahrungsergänzung verschreiben. Welche Hilfe bieten dabei die Prinzipien der Behavioralen Kinesiologie? Wie schon zuvor beschrieben wurde, steht jeder größere Muskel mit einem bestimmten Organ in

Verbindung. Wenn nur ein umfassender Test die Schwäche eines spezifischen Muskels ergibt, kann genau der richtige Nährstoff verabreicht oder verschrieben werden. War die Diagnose richtig, wird der zuvor schwache Muskel sofort nach Einnahme des Nährstoffes stark.

Die detaillierte Beschreibung dieses Vorgehens kann im Rahmen dieses Buches nicht gegeben werden, aber wir können die einfachen BK-Testformen anwenden, um herauszufinden, welche Nahrungsmittel und Ergänzungsstoffe gut für uns sind.

Nehmen Sie, wenn Ihr Thymus schwach ist, Ihre gewohnten Nahrungsmittelergänzungsstoffe und überprüfen Sie, ob die Drüse gestärkt wird. Wahrscheinlich ist das nicht der Fall, denn während einige der Stoffe einen stärkenden Effekt ausüben, wirken andere schwächend. Sie sollten dann die Stoffe einzeln testen, um herauszufinden, welche Sie stärken und welche aufgrund ihrer schwächenden Wirkung abgesetzt werden sollten. Oft werden Ergänzungsstoffe wohlbegründet empfohlen, und doch ergibt ein Test bei der Einnahme eine Schwächung. Gewöhnlich sind dafür die übrigen Bestandteile in der Tablette (Pille), die Farb-, Füll- und Bindestoffe verantwortlich. Daher kann ein Produkt stärkend wirken, während die scheinbar identische Tablette einer anderen Marke schwächt. Sie müssen also auch die verschiedenen Marken testen. Lassen Sie sich dabei immer von Ihrem Körper führen.

Welche Ergänzungsstoffe sind eigentlich besser: die hochdosierten synthetischen oder die natürlicheren niederdosierten? Sind z. B. 800 Einheiten stark raffiniertes Vitamin E effektiver als 4 bis 6 Einheiten natürliches Vitamin E? Das letztere ist gewöhnlich wirksamer, die natürlicheren Stoffe in niedriger Dosierung korrigieren eine spezifische Muskelschwäche eher als die Stoffe mit hohem Gehalt. Die synthetischen Stoffe und Vitamine können unter Umständen auf den Patienten sogar ungünstig wirken. Überprüfen Sie es aber auf jeden Fall selbst.

Das Kauen löst im Rahmen des Muskeltests eine viel stärkere Reaktion aus als das Schlucken. Sie sollten aber immer auf die Gebrauchsanweisung achten, denn Kapseln und bestimmte Stoffe dürfen oft nicht zerkaut werden.

Ich empfehle meinen Patienten mit schlecht funktionierender Thymusdrüse oft Extrakt aus Thymusgewebe; doch ein natürlicher Stoff, der die Thymusdrüse am günstigsten beeinflußt und somit die Lebensenergie am meisten zu stärken scheint, ist das Bienenharz, oder Propolis, ein Harz, das von Bäumen ausgeschieden und von den Bienen, die damit die Innenwände ihres Stockes auskleiden, umgewandelt wird. In verschiedenen europäischen Ländern, besonders in der Sowjetunion, in Dänemark und Deutschland, ist dieser Stoff Gegenstand klinischer Forschung, denn seit vielen Jahren hat er sich als sehr wirksam gegen Bakterien, Viren und Pilze erwiesen. Mittlerweile wissen wir, daß diese Substanz die Thymusdrüse aktiviert und somit auch das Immunsystem.

Die Bedeutung von Lebensmittelallergie bei gewissen Krankheiten wird allgemein anerkannt. So erlebte ich selbst einmal, wie eine anscheinend normale Frau etwas Puffreis aß und innerhalb von zehn Minuten einen akuten psychotischen Anfall mit selbstmörderischen Tendenzen erlitt. Ich habe auch einen Fall der massiven Verschlimmerung einer geschwürigen Dickdarmentzündung durch Essen geringer Mengen Zucchini erlebt.

In vielen Praxen mit Schwerpunkt auf der präventiven Medizin und in vielen psychiatrischen Einrichtungen ist der Lebensmittelallergietest, ein kompliziertes und umfangreiches Verfahren, eine Routineangelegenheit; er kann nun dank der BK-Testformen viel einfacher durchgeführt werden.

Bitten Sie einen Freund, Proben aller Lebensmittel, die Sie zu sich nehmen, für Sie zu testen. „Junk food" wird Ihren Indikatormuskel natürlich fast immer schwächen; wenn Sie aber durch einen Bissen gesunder, „reiner" Nahrung geschwächt werden, können Sie davon ausgehen, daß Sie momentan gegen dieses Nahrungsmittel allergisch sind. Über 90 Prozent meiner Patienten testen bei Rindfleisch, Weizen und Milchprodukten schwach. Bei Allergien gegen Stoffe, die nicht leicht vermieden werden können, kann eine Besserung durch Aktivierung des Thymus erreicht werden.

Ich besuchte vor kurzem einen Mann, der in einem großen medizinischen Zentrum behandelt wurde; er litt an einer Überempfindlichkeit oder Allergie gegen eine Sulfonamidtablette, die ihm der Arzt verschrieben hatte. Dies hatte zu einer Vereiterung des gesamten oberen Verdauungstraktes und der Bronchien geführt, und es sah so aus, als wenn er sterben würde. Dank der Gnade Gottes starb er nicht, und als ich ihn einige Wochen später wiedersah, erhielt ich eine Probe des Sulfonamidpräparates, um es an ihm und anderen austesten zu können. Bei allen Testpersonen wurde der Muskel schwach, sobald die Tablette in den Mund gelegt wurde. Dies zeigte mir, daß der Stoff die Lebensenergie augenblicklich schwächte und daß er unter keinen Umständen verabreicht werden durfte, da unangenehme, vielleicht sogar lebensbedrohliche Reaktionen ausgelöst werden könnten.

Dieser einfache Test läßt vielleicht nicht mit hundertprozentiger Sicherheit Schlüsse zu, wenn man berücksichtigt, daß auch andere medizinische Faktoren für Allergien verantwortlich sein können, aber er hat sicherlich, wie jede andere Testmethode, seinen immanenten Wert. Es ist unmöglich, die Zahl der Krankheiten, der oft verlängerten Krankenhausaufenthalte und sogar der Todesfälle, die durch negative Reaktionen auf verschriebene Medikamente verursacht wurden, anzugeben. Viele Fälle könnten durch den einfachen Muskeltest verhindert werden.

Jeder Arzt könnte auf diese einfache Art die Verträglichkeit der in Frage kommenden Mittel an jedem seiner Patienten individuell austesten, um dann jene Medikamente zu verordnen, die beim BK-Test den Muskel nicht schwächen. Auch ein

Medikament sollte möglichst dem Grundsatz der Behavioralen Kinesiologie gerecht werden: Eine Substanz, die beim BK-Test schwächend wirkt, soll dem Körper nicht zugeführt werden.

Ihr Körper hat so etwas wie eine angeborene Einsicht. Er sollte über eine Behandlung das letzte Wort sprechen, nicht das medizinische Handbuch. Wenn die Lebensenergie (wie durch den Muskeltest bei gleichzeitiger Testberührung des Thymuspunktes festgestellt wird) gestärkt wird, kann der Stoff verabreicht werden. Wird sie jedoch geschwächt, dann sollte dies nicht geschehen. Ich hoffe und träume davon, daß in Zukunft jedes Medikament vor der Verschreibung kinesiologisch getestet wird. Dies sind die Ärzte ihren Patienten und wir uns selbst schuldig.

(Eine Warnung an den Laien: Der Arzneimitteltest gehört *ausschließlich* in die Hand des erfahrenen Arztes oder Heilpraktikers, denn nur er kann letztendlich entscheiden, ob eine momentane Nebenwirkung um der vielleicht viel wichtigeren Hauptwirkung willen vorübergehend in Kauf genommen werden muß. Manchmal ist es auch lediglich der Füllstoff oder der Drageemantel, der im BK-Test schwächend wirkt und so zu Fehlschlüssen in bezug auf das Medikament verleitet. Also bitte keinerlei Experimente ohne Rücksprache mit Ihrem Behandler! – Anm. des Herausgebers.)

Lassen Sie uns auf den folgenden bekannten, aber auch gefährlichen Dialog näher eingehen:

„Ach, ein bißchen wird ja wohl nicht weh tun ..."

„Nun komm schon, nur ein ganz klein wenig ..."

„Nicht einmal ein Schluck? Du kannst ruhig einen Schluck nehmen ..."

Nach solchen Aufforderungen sind schon Diätkuren abgebrochen, von Alkoholikern wahre Gelage veranstaltet, Krankheit, schlechte Ernährung und Zahnverfall aufgeschwatzt worden.

Denn es hat sich herausgestellt, daß schon die kleinste Menge einer schädlichen Substanz, z. B. Zucker, denselben schwächenden Effekt auf die Muskeln hat wie eine größere Menge.

Die heutigen medizinischen Denkrichtungen befassen sich nur mit der Dosis; ständig hören wir, daß ein bestimmter chemischer Stoff zwar gefährlich sein kann, daß aber die Menge, der wir ausgesetzt sind oder die wir einnehmen, uns nichts ausmacht. Dies ist aber bisher unbewiesen, außerdem werden die erlaubten Mengen manchmal neu festgesetzt, weil es gerade so paßt. Neulich las ich z. B., auf welch interessante Weise der Gouverneur eines Bundesstaates ein ernstes Problem löste: Die Meßwerte eines karzinogenen Schadstoffes lagen in seinem Gebiet gefährlich hoch, also nahm er sich der Angelegenheit an; anstatt aber die dafür verantwortlichen Fabriken auf die Vorschriften hinzuweisen oder zu schließen, hob er einfach das akzeptable Limit für den Schadstoff an.

Es ist höchste Zeit, daß uns unsere Unkenntnis darüber, wo die vertretbare Grenze eines Giftes liegt, bewußt wird. Solange ein Muskel durch einen Giftstoff geschwächt wird, sollten wir nicht einmal den kleinsten Mengen ausgesetzt werden. *Ein Giftstoff ist ein Giftstoff!* Hören Sie deshalb auf zu denken: Nun, ein wenig Zucker wird wohl nicht schlimm sein.

Eine Substanz hebt oder senkt Ihre Energie, daran gibt es nichts zu rütteln. Wenn etwas in höherer Dosis schwächt, wird es unter keinen Umständen stärken. Lassen Sie sich also auf keine Diskussionen über die *Quantität* ein, es ist eine *Frage der Qualität.*

Ich habe in Kap. 8 die Gefahren des Rauchens aufgezeigt. Auch der Rauch ist eine Art „Nahrung", da wir ihn in unseren Körper aufnehmen. Fast die Hälfte der amerikanischen Erwachsenen sind Raucher, trotz der Warnungen auf den Pakkungen. Dabei ist zu bedenken, daß ein starker Raucher nur in den seltensten Fällen einen starken Thymus besitzt. Es liegt natürlich beim Raucher selbst: Entweder gibt er das Rauchen auf und stärkt seine Lebensenergie, oder er raucht weiter und fordert Krankheit heraus.

Überzeugen Sie sich selbst durch einen Test. Klopfen Sie zwei oder drei Mal auf Ihren Thymuspunkt, um die Drüse zu stärken, wenn Sie Raucher sind. Lassen Sie dann Ihren Indikatormuskel bei gleichzeitiger Berührung des Thymuspunktes testen; er sollte stark sein. Zünden Sie dann eine Zigarette an und nehmen Sie einen Zug, bevor Sie erneut testen. Der Indikatormuskel wird schwach sein. Oft reicht es schon aus, wenn man die Zigarette (nicht den Filter, sondern das offene Ende) unangezündet im Mund hält. Es ist übrigens schwierig, genaue Testergebnisse über andere Faktoren zu erzielen, wenn jemand raucht.

In welch einer Situation befinden wir uns eigentlich! Billionen von Dollar steckt man jedes Jahr in die Werbung für „junk food" und Zigaretten, die sowieso nur unsere Lebensenergie erschöpfen. Unsere Nahrung wird im allgemeinen immer schlechter, sie wird stärker gespritzt und vergiftet, immer künstlicher angebaut und ist älter, bevor sie schließlich zu uns auf den Tisch kommt. Um das Maß vollzumachen, kochen wir sie gewöhnlich dann auch noch zu lange, so daß sie schließlich keinen Nährwert und keine Lebensenergie mehr besitzt.

Es ist in der heutigen Zeit schwer, noch gesunde, „Leben" enthaltende Nahrungsmittel zu finden, aber die Möglichkeit besteht sicherlich. Hat uns der BK-Test erst einmal den Unterschied zwischen „lebendiger" und „toter" Nahrung klargemacht, sollten wir eigentlich keine Schwierigkeiten haben, unsere Ernährung entsprechend umzustellen. Wenn wir uns jedoch weiterhin solchen Änderungen widersetzen, wird unsere Lebensenergie voraussichtlich ernsthaft geschwächt. Leider ist dies mittlerweile ein weitverbreitetes Problem, das auf Grund der enormen Werbung für ungesunde Nahrung immer größer wird.

Lassen Sie uns das Kapitel aber mit einer glücklicher stimmenden Bemerkung beenden. Es gibt immer etwas Positives beim BK-Test. Dank der Einsicht, die Sie gewinnen, werden Sie die Ergebnisse Ihrer eigenen Tests nicht nur dazu nutzen, das „Schlechte“ zu vermeiden, sondern auch dazu, das „Gute“ zu erreichen.

Es liegt natürlich nur an Ihnen!

11. Die Bedeutung der Körperhaltung

„... our human upright Posture is a unique accomplishment ... a most delicate poise and balance, an equation of forces brought about by an interplay of the sensory and motor mechanisms, by which all muscular effort is practically eliminated. The unique quality of the whole performance lies in this reduction of effort.“
(„... unsere menschliche, aufrechte Haltung ist eine einzigartige Errungenschaft ... eine äußerst empfindliche Balance, ein Ausgleich von Kräften, herbeigeführt durch ein Zusammenspiel sensorischer und motorischer Mechanismen, durch das jede muskuläre Anstrengung praktisch eliminiert wird. Die Einzigartigkeit dieser Leistung liegt in der Reduzierung der Anstrengung.“)

W. H. M. Carrington

Biologen zufolge brachte der Wechsel in der Evolution von vierbeiniger auf zweibeinige Fortbewegung eine größere mechanische Effizienz für den Menschen mit sich, denn während die aufrechte Körperhaltung nur 18 Prozent Energie erfordert, muß das Tier 40 Prozent Energie aufbringen, um sich auf vier Beinen zu halten. Diese 18 Prozent gelten allerdings nicht für den Durchschnittsmenschen, den ein gekrümmter Rücken, eine eingefallene Brust und ein nach vorne hängender Kopf kennzeichnen. Menschen mit solch einer schlechten Haltung sehen nicht nur schlecht aus, sie verbrauchen auch viel mehr Energie, als es eigentlich notwendig wäre, unabhängig davon, ob sie stehen, sitzen, gehen oder eine Arbeit verrichten. Anstatt die Schwerkraft zu nutzen, kämpfen sie ständig dagegen an, denn sie zieht den Menschen mit schlechter Haltung in die Richtung, in der der Großteil des Körpergewichts konzentriert ist. Wenn aber die Hauptteile des Körpers, d. h. Kopf, Brust, Hüften und Beine, von dem jeweils darunterliegenden Teil richtig gestützt werden, stellt die Schwerkraft eine Hilfe für die aufrechte Haltung dar.

Weitere Nachteile einer schlechten Körperhaltung können nur mit Hilfe kinesiologischer Tests festgestellt werden.

Testen Sie den Thymus einer Testperson nach der üblichen Methode; ist die Drüse schwach, bitten Sie die Person, mit gerader Wirbelsäule und gehobenem Kopf zu sitzen oder zu stehen: Der zuvor schwache Thymus ist nun stark und zeigt an, daß die Lebensenergie geweckt wurde. Wir können also annehmen, daß eine gute Haltung den Energiefluß im Körper erleichtert. Ist die Drüse zu Beginn des Tests stark, so lassen Sie die Person die Schultern senken; Sie werden feststellen, daß der Thymus nun plötzlich schwach ist.

Lassen Sie uns einen weiteren Test durchführen. Geben Sie der Testperson ein wenig raffinierten Zucker oder eine andere, den Thymus schwächende Substanz; wenn die Person aufrecht sitzt, wird die Thymusdrüse nicht schwach. Offensichtlich wird die Widerstandskraft gegenüber negativen Einflüssen erhöht, wenn die Lebensenergie einen Auftrieb erhält, und eine gute Körperhaltung ist eben einer der wirkungsvollsten Auftriebe.

Eine schlechte Haltung wirkt sich nicht nur negativ auf die Thymusaktivität und die Lebensenergie aus, sie führt auch zum „Switching", dem Zustand, in dem man „unzentriert“ ist und sich die beiden Gehirnhälften im Ungleichgewicht befinden (siehe Kap. 5). Wir können dies auf bekannte Art überprüfen, indem wir bei normaler (schlechter) und guter Haltung auf zerebrale Unausgeglichenheit testen.

Radfahren, sowohl auf einem Rennrad als auch auf einem gewöhnlichen Rad, kann auch zum „Switching“ führen. Zum großen Teil ist die schlechte Haltung dafür verantwortlich; die starre Haltung der Arme trägt weiterhin dazu bei. Nimmt man aber die Hände vom Lenker weg und setzt sich aufrecht, während man strampelt, so wird das „Switching“ nicht auftreten.

Einer meiner Patienten, ein begeisterter Konzertpianist, vertraute mir einmal an, daß es immer schwieriger für ihn sei, die Noten zu lesen und komplizierte Passagen zu spielen. Ich beobachtete ihn daraufhin einmal bei der Arbeit in seinem Studio und erkannte sofort, daß er falsch saß: mit hängenden, gerundeten Schultern und nach vorn gebeugtem Kopf; außerdem war sein Klavierhokker so hoch, daß er sich ständig ducken mußte, um die Noten lesen zu können.

Kurzum, seine Haltung war fürchterlich. Ein Test ergab alle Merkmale des „Switching“: eine Unausgeglichenheit der Gehirnhemisphären, unzureichende Aktivität des Thymus und somit wenig Lebensenergie.

Ich korrigierte die Höhe seines Klavierhockers und zeigte ihm, wie er seine Haltung verändern solle. Eine Woche später kam er wieder in meine

Praxis, mit einem Lachen im Gesicht, und berichtete mir, daß seine Probleme gelöst seien.

Fabrikarbeiter können ähnliche Probleme haben, denn an den meisten Fließbändern muß die Arbeit in einer solch ungünstigen Stellung verrichtet werden, daß sich der Arbeiter während der ganzen Arbeitszeit im „Switching" befindet. Korrigiert man die Höhe des Sitzes und die Position, tritt die zerebrale Unausgeglichenheit nicht auf. Die Folgen sind größere Effizienz und weniger Fehlleistungen. Diese Beispiele legen nahe, die Bedeutung des Sitzes eingehender zu erläutern.

Metallstühle wie z. B. die verschiedenen Klappstühle in Hörsälen rufen bei fast jedem das „Switching" hervor. (Der Grund: Das Metall kreuzt die Körpermitte.) Dasselbe gilt auch für moderne gepolsterte Stühle. Testen Sie einmal die Stühle in Ihrer Wohnung: Strecken Sie zunächst Ihre Wirbelsäule und versichern Sie sich, daß sich Ihre Hirnhälften im Gleichgewicht befinden und Ihre Thymusdrüse stark ist; setzen Sie sich dann mit normaler Haltung auf einen Stuhl; ein erneuter Test wird „Switching" und eine schwache Aktivität der Thymusdrüse ergeben. Alle Ihre weichen, bequemen Stühle erschöpfen Ihre Lebensenergie und verursachen ein gewisses Maß an Streß. Harte Stühle mit gerader Lehne sind daher viel angebrachter, denn bei einer harten Sitzfläche ist die Wirbelsäule automatisch gerade, die Thymusdrüse folglich stark, und das „Switching" tritt nicht auf; die Belastung für Ihren Körper und somit für *Sie* ist viel geringer.

Schreibtischstühle haben gewöhnlich eine harte Sitzfläche und eine gerade Rückenlehne. Trotzdem sitzen die meisten von uns gebeugt über ihrem Schreibtisch. Wenn Sie berücksichtigen, daß es nicht so günstig ist, wenn man bei einer Schreibarbeit geistig konfus ist und unter Streß steht, so sollten Sie immer darauf achten, bei geistiger Arbeit aufrecht zu sitzen. Und kreuzen Sie nicht Ihre Beine, denn dies allein kann schon zum „Switching" führen.

Autositze können die Ursache des „Switching" sein. Einer meiner Patienten beklagte sich einmal, daß er schon nach einer halben Stunde Autofahrt müde und verwirrt sei und die Verkehrszeichen nicht mehr richtig lesen könne. Ich gab ihm den Rat, sich während des Fahrens auf ein hartes Brett oder eine Plastikscheibe zu setzen. Er tat dies und war plötzlich fähig, zehn Stunden lang zu fahren und sich bei der Ankunft nicht anders zu fühlen als bei der Abfahrt: Es gab keine Müdigkeit, keine Verwirrung, keinen Streß. (Viele Leute haben Schwierigkeiten, sich während des Fahrens nach einer Karte zu orientieren; könnte der Grund vielleicht darin liegen, daß der Autositz „Switching" hervorruft?)

Ich empfehle jedem Flugreisenden, eine kleine Scheibe Sperrholz oder Acryl, auf die er sich setzen kann, mitzunehmen, denn sie kann Müdigkeit und Probleme auf Grund der Zeitverschiebung verhindern. Ich frage mich, inwiefern Gesundheitsprobleme nach Flugreisen („jet lag") eigentlich eine Folge des gestörten biologischen

Rhythmus sind oder inwieweit auch eine Folge der Tatsache, daß man drei, sechs oder noch mehr Stunden im Fluzeug sitzt und sich ständig im Zustand des „Switching“ befindet, mit einem Thymus, der nur schwach funktioniert.

Unsere Zahnärzte sind zu bedauern. Während sie früher den ganzen Tag standen und aus allen möglichen Winkeln in die Münder schauten, sitzen sie jetzt nur noch auf einer Seite des Behandlungsstuhls, wobei ihre Wirbelsäule gekrümmt wird, wenn sie sich nach vorn zum Patienten lehnen. Wenn sie dann mit einem Spiegel im Mund arbeiten müssen, ist die Beugung noch stärker. Ich habe Hunderten von Zahnärzten empfohlen, auf einer harten Unterlage zu sitzen und sich mit gerader Wirbelsäule nach vorn zu beugen, wobei die Bewegung von den Hüften ausgehen sollte. Viele von ihnen konnten daraufhin eine bemerkenswerte Reduzierung des physischen und psychischen Stresses bei der Arbeit feststellen.

Zahnärzte, Friseure, Verkäufer und andere Leute, die lange stehen müssen, benötigen das richtige Schuhwerk, denn es ist sehr schwer, eine gute Haltung einzunehmen, wenn man schlechte Schuhe trägt. Gehen Sie forsch über eine harte Oberfläche und lassen Sie überprüfen, ob die Schuhe, die Sie tragen, Ihren Thymus stärken oder schwächen. Testen Sie so lange, bis Sie stärkende gefunden haben. Kontrollieren Sie auch die Höhe der Absätze. Wenn Sie in den Schuhen stehen und Ihr Thymus schwach testet, so heben Sie langsam steigernd die Fersen an (und manchmal die Zehen), indem Sie

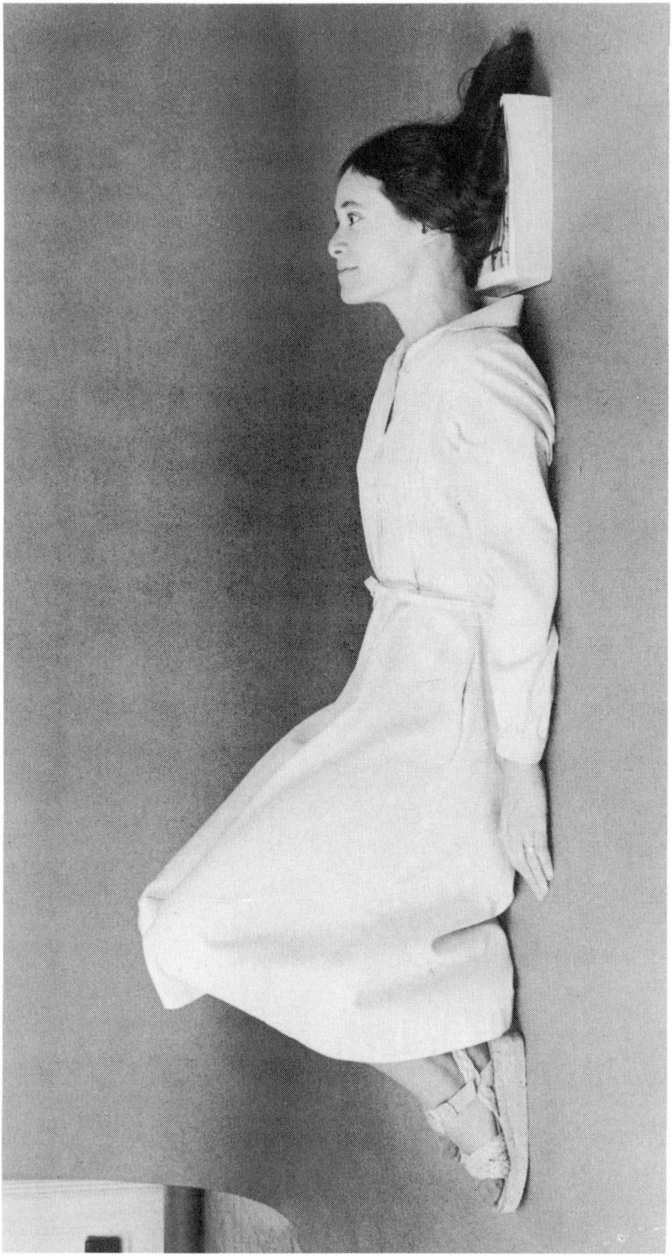

Abb. 33: Die Alexander-Horizontal-Position

etwas unter die Absätze legen, bis der Muskel stark wird.

Schwimmen ist eine ausgezeichnete Therapie für die Körperhaltung. Wenn Sie auf dem Rücken gleiten, wird Ihre Haltung automatisch richtig, da Sie frei von den verschiedenen Einflüssen der Schwerkraft sind. Überprüfen Sie selbst, ob Ihr Thymus gestärkt wird.

Die Alexander-Technik, die von F. Matthias Alexander entwickelt worden ist, enthält unter anderem eine Körperstellung, die äußerst wohltuend wirkt und die Haltung verbessert. Der Körper wird in einer Linie zentriert und erlaubt so den freien Fluß der Energie und ermöglicht dem Thymus, Unausgeglichenheiten leicht wahrzunehmen und zu korrigieren. Diese sogenannte Alexander-Horizontal-Position sieht folgendermaßen aus: Legen Sie sich auf den Boden, die Knie gebeugt, die Füße flach auf dem Boden, die Außenseite der Oberschenkel parallel zu den Hüften; legen Sie einige Bücher unter ihren Kopf, bis die Wirbelsäule und der Nacken eine Linie bilden (siehe Abb. 33). In dieser Stellung sind Sie entspannt und aufnahmefähig für die beruhigenden Einflüsse um Sie herum wie z. B. Musik. Ich empfehle jedem, diese Stellung einmal am Tag einzunehmen.

Der erste Schritt zu einer guten Haltung ist aber immer noch, anmutig zu denken und anmutig zu gehen.

Nachwort

> „The great phase in man's advancement is that in which he passes from subconscious to conscious control of his own mind and body."
> (Die bedeutende Phase in der Weiterentwicklung des Menchen ist der Schritt von der unbewußten zur bewußten Kontrolle des eigenen Geistes und Körpers.)
>
> F. M. Alexander

Wie aus dem Buch ersichtlich wird, umfaßt die Behaviorale Kinesiologie ein weites Gebiet. Sie ermöglicht es uns nicht nur, die Auswirkungen fast aller internen oder externen, physischen oder psychischen Stimuli auf den Körper zu beurteilen. Wir gelangen durch sie auch zu einem neuen Verständnis des Körperenergiesystems. Es gibt keinen Lebensbereich, der sich der Behavioralen Kinesiologie entziehen kann. Sie wirft sogar Licht auf solch verschiedene Themen wie: instinktives Verhalten, kreative Prozesse, der Ursprung der Sprache, Anthropologie, Ethnologie, ästhetische Erfahrung, Mittel der Kommunikation wie z. B. Gesten.

In diesem Buch habe ich mich nur auf einen Aspekt der Behavioralen Kinesiologie konzentriert: die Auswirkungen verschiedener Faktoren auf den Thymus und somit auf die Lebensenergie. Wenn der Thymus nur schwach aktiv ist, werden Energieunausgeglichenheiten im Körper nicht korrigiert, und der Nährboden für Krankheiten ist geschaffen. Wie ich gezeigt habe, sind die Hauptfaktoren, die unseren Thymus und unsere Lebensenergie beeinflussen, im Alltagsleben zu finden: Streß, unsere Einstellungen, die Menschen um uns herum, unsere physische Umwelt, unsere Nahrung und unsere Haltung. Solange wir uns auf die positiven, wohltuenden Faktoren dieser sechs Kategorien konzentrieren, wird unser Thymus stark sein und seine lebenswichtigen Aufgaben erfüllen; nur wenn der Thymus richtig arbeitet, befinden wir uns im Zustand bester Gesundheit und nicht nur im Zustand des Nichtkrankseins.

Dieses Buch enthält eine Reihe von Techniken, mit denen man den Thymus aktivieren und somit die Lebensenergie stärken kann. Im folgenden sind sie zum einfachen Nachschlagen noch einmal aufgeführt:

- Klopfen Sie drei bis vier Mal pro Tag auf den Thymuspunkt, um die Drüse zu aktivieren und den Streß zu lindern.
- Gönnen Sie sich öfters eine Energiepause. Rezitieren Sie einige Verse aus einem Gedicht oder schauen Sie sich ein Landschaftsgemälde an (oder eine Postkarte der Art). Klopfen Sie dabei zugleich auf den Thymuspunkt, um die Energien ins Gleichgewicht zu bringen und den Streß, der auf die beiden Gehirnhemisphären einwirkt, zu lindern.
- Hören Sie belebende Musik. Zur Verstärkung des Effekts können Sie dabei die Alexander-Horizontal-Position einnehmen und auf den Thymuspunkt klopfen.
- Hören Sie den Geräuschen der Natur zu, z. B. dem Singen der Vögel oder dem Rauschen des

Wassers. Nehmen Sie in aufrechter Stellung eine Dusche.
- Suchen Sie sich einen Gedanken, zu dem Sie immer wieder zurückkommen können und der Ihnen hilft, „zentriert" zu bleiben. Es kann eine angenehme Situation oder ein Bild von Ihnen selbst in bester Gesundheit sein.
- Legen Sie Ihre Zunge auf den „zentrierenden Knopf".
- Lachen Sie, so oft Sie können. Machen Sie es einige Male pro Tag als Übung. Es hilft, Unausgeglichenheiten im Energiesystem zu korrigieren.
- Denken Sie und gehen Sie stolz.
- Konzentrieren Sie sich auf positive Gedanken: Liebe, Treue, Vertrauen, Dankbarkeit und Mut.

Wenn Sie diese Techniken regelmäßig anwenden, werden Sie neue Lebensenergie wecken, anstatt sie zu erschöpfen. Sie werden das Beste aus einer Situation oder einem Umstand machen können und nicht von den negativen Aspekten dominiert werden. Und Sie werden Ihren Alltag so verändern, daß Sie primäre Prävention praktizieren.

Hier sind zwei wichtige Prinzipien der Behavioralen Kinesiologie:

1. *Testen Sie selbst.* Fragen Sie Ihren eigenen Körper. Achten Sie nicht darauf, was Ihnen andere über Einflüsse auf Ihren Körper erzählen. Werden Sie Ihr eigener Gesundheitsberater.
2. *Suchen Sie die Dinge, die Sie im Test stärken, und vermeiden Sie die Dinge, die Sie im Test*

schwächen. Dies ist das Diktum der Behavioralen Kinesiologie.

Ich habe Ihnen einige meiner Entdeckungen vorgestellt, aber es gibt noch Millionen von Faktoren, die darauf warten, entdeckt zu werden. Testen Sie, testen Sie, testen Sie, denn Sie haben jetzt das Werkzeug.

Anhang I:

Zusammenfassung der Hauptfunktionen der Thymusdrüse

1. In den ersten Lebensjahren produziert die Thymusdrüse spezielle Lymphozyten, die sogenannten T-Zellen. Diese Zellen sind wichtig für die immunologische Überwachung (die Unterscheidung zwischen „körpereigen“ und „körperfremd“, oder zwischen „gut“ und „böse“), die direkt mit der Resistenz gegen Infektionen und Krebs zu tun hat.
2. Nach der Pubertät scheint die immunologische Bedeutung der Thymusdrüse in der Aktivierung der T-Zellen durch Thymushormone zu liegen.
3. Das Wachstum wird anscheinend von der Thymusdrüse beeinflußt werden, denn Laborversuche mit Tieren haben gezeigt, daß die Injektion von Thymusextrakten das Wachstum beschleunigt.
4. Die Thymusdrüse beeinflußt die Stärke der Muskelkontraktion. Bei „Myasthenia gravis“, einer Erkrankung der Thymusdrüse, tritt eine allgemeine, starke Muskelschwäche auf.
5. Die Thymusdrüse ist mitverantwortlich für den Lymphstrom im Körper. Das Lymphsystem nimmt Fremdstoffe, Zellgifte und Abfallstoffe auf und bringt sie in die Blutbahn, damit sie ausgeschieden werden können.

6. Die Thymusdrüse überwacht und reguliert das Fließen der Energie im Energiesystem des Körpers; sie leitet sofortige Korrekturen ein, um Unausgeglichenheiten zu beseitigen und die Körperenergie wieder ins Gleichgewicht zu bringen.
7. Die Thymusdrüse stellt die Verbindung zwischen Geist und Körper dar, da sie das erste Organ ist, das von geistig-psychischen Faktoren und Streß beeinflußt wird.
8. Seit Tausenden von Jahren weiß man, daß die Thymusdrüse der Sitz der Lebensenergie, der Sitz des *thymos,* ist. Eine gesunde, aktive Thymusdrüse bedeutet gute Gesundheit.

Anhang II:

Die Herkunft des Wortes Thymus

Eine seltsame Ironie liegt in der Tatsache, daß Ärzte und medizinische Forscher den Schlüssel zur Funktion der „mysteriösen“ Thymusdrüse in der Bedeutung des Wortes *thymus* hätten finden können.

Thymus kommt zwar von dem griechischen Wort *thymos* (Θνμός), die eigentlichen Wurzeln liegen jedoch weiter zurück. Wenn wir die Entstehung des Wortes über die Welt von Sokrates und Plato hinaus verfolgen, stellen wir fest, daß es von der indo-europäischen Wurzel *dheu* stammt. Von dieser Wurzel gibt es eine Vielzahl von Ableitungen, die die Bedeutung von „in Flammen aufgehen“, „in einer Wolke aufgehen“, „rauchen“ haben. Das sanskritische Wort war *dhuma,* von dem die englischen Wörter „fume“ und „perfume“ abgeleitet sind.

Thymos war im alten Griechenland ein sehr bedeutendes, vielschichtiges und schwer definierbares Wort. Julian Jaynes zufolge nimmt das Wort *thymos,* oder *thumos,* wie es manchmal heißt, zusammen mit sechs anderen Wörtern, die mit Geist oder Seele übersetzt werden, eine Schlüsselrolle bei der Entwicklung des homerischen Bewußtseins ein.[34]

Jaynes schreibt, daß in der *Ilias* die Götter den

Menschen „sagten“, was sie tun sollten und wie sie sich fühlen sollten. In dieser ersten, „objektiven“ Phase der Entwicklung des griechischen Bewußtseins bedeutete *thymos* Bewegung oder Aktivität, äußerlich gesehen. Später jedoch verschwanden die Götterstimmen oder sie enthielten eine Fehlbarkeit, die die Sterblichen entsetzte – und *thymos* wurde internalisiert (die zweite Phase) und spielte eine aktivere Rolle. Ganz auf Kampf eingestellt versuchte der Mensch, die Befehle der alten Zeiten zu hören. Sein Streß brachte körperliche Veränderungen mit sich: einen Adrenalinanstieg, einen beschleunigten Herzschlag und ein „Flattern in der Brust“. Mit der Zeit wurden diese inneren Reaktionen auf Streß mit *thymos* selbst assoziiert. In der subjektiven Phase der Entwicklung des Bewußtseins sah man in *thymos* einen „Behälter“, in den man Kraft füllen konnte. *Thymos* wurde auch personifiziert; *thymos* sprach mit dem Menschen (und der Mensch mit *thymos*), *thymos* verlieh ihm Kraft für den Krieg und trieb ihn weiter zur Liebe und zum Sieg. Indem sich *thymos* mit dem Menschen auf diese Art unterhielt, wurde es mit dem Menschen verglichen, und ihm wurden Qualitäten verliehen, die es aus dem Reich der *Dinge* in das Reich der *Personen* hob. (Ajax hatte vielleicht keine Angst vor einem Kampf, dafür aber sein *thymos*; nicht Äneas, sondern sein *thymos* genoß den Sieg.)

An einer Stelle in der *Ilias* sagt Achilles: „Es wacht wie Rauch in der Brust der Männer, gerade als Agamemnon mich erzürnte, aber lassen wir die

Vergangenheit ruhen und *thymos* in unserer Brust beruhigen.“ Somit bedeutete *thymos* metaphorisch ein Aufsteigen von Rauch in der Brust, wie die indo-europäische Wurzel impliziert.

Im zweiten Jahrhundert gab Galen dem rötlichgrauen, in kleinere Läppchen gegliederten Organ den Namen *thymus,* da es ihn, so sagt man, an einen Strauß Thymian erinnerte. Die Thymianpflanze selbst wurde aber so genannt, weil sie als Weihrauch für die Götter verbrannt wurde. Tatsächlich hieß die altarähnliche Erhebung in der Mitte des Orchesters eines griechischen Theaters *thymele;* der Opferweihrauch befand sich im *thymiaterion,* dem Weihrauchfaß. *Thymos* war also ein Aufsteigen von Rauch, ein Verbrennen von Weihrauch, ein Opfer an die Götter – und alles fand in der Brust, dem inneren Altar, statt. Es bedeutete Aspiration, Lobgesänge, Mut und das Ausströmen von Liebe. Es war die Atem-Seele, von der die Energie und der Mut des Menschen abhingen.[35]

Somit befinden wir uns wieder da, wo wir angefangen haben, denn wir erkennnen, was die Thymusdrüse wirklich ist – der Sitz der Lebensenergie. Zugleich integrieren wir in diese Erkenntnis die neuen wissenschaftlichen Entdeckungen, und diese Integration von Neuem und Altem leitet das dritte goldene Zeitalter der Thymologie ein.

Anmerkungen

[1] Davies, David: The Centenarians of the Andes, Anchor Press/Doubleday, New York; Barrie & Jenkins, Ltd., London 1975, S. 51

[2] aus: Collected Poems by William Butler Yeats, Macmillan Publishing Co., Inc.

[3] Nossal, G. J. V.: Antibodies and Immunity, 2. Aufl., Basic Books, New York 1978, S. 97

[4] Miller, J. F. A. P., Lancet, 16. Dezember 1967, S. 1302

[5] Burnet, F. M.: Immunology, Aging, and Cancer, San Francisco 1976

[6] Selye, Hans: Stress Without Distress, New York 1974

[7] Der in diesem Kapitel dargestellte Test ist eine modifizierte Art des Testes, der in dem klassischen Werk beschrieben wird: Kendall, Henry O. et al.: Muscles: Testing and Function, 2. Aufl., Baltimore 1971

[8] Sie können auch den anderen Arm nehmen.

[9] Es ist verlockend, Erklärungen für die in diesem Buch beschriebenen Phänomene anzubieten. Ich habe sie jedoch auf ein Minimum beschränkt. Diese Arbeit ist neu, und es wäre verfrüht und würde Einschränkungen mit sich bringen, in diesem Stadium Theorien zu formulieren.

[10] Nichols, T. L.: Esoteric Anthropology, New York 1853, S. 227

[11] Whitman, Walt: The Complete Poetry and Prose of Walt Whitman, Garden City, New York 1954, S. 513

[12] Mann, Felix: The Meridians of Acupuncture, London 1964, S. 13

[13] Dies ist die Grundlage instinktiven Verhaltens. Darauf soll jedoch hier nicht näher eingegangen werden.

[14] Anhang I enthält eine Zusammenfassung der Funktionen der Thymusdrüse.

[15] Onians, Richard B.: The Origins of European Thought, New York 1973, S. 44–65

[16] Das Wort *thymos* wird im Anhang II näher besprochen.

[17] Delacato, Carl H., Ed. D.: The Diagnosis and Treatment of Speech and Reading Problems, Springfield 1963

[18] Wenn auf derselben Seite mehrere Abbildungen oder Zeichnungen erscheinen, so decken Sie diejenigen, die nicht getestet werden sollen, zu.

[19] Eine eingehende Besprechung der Sanpaku-Augen enthält das Buch: Oshawa, George: You Are All Sanpaku, englische Fassung von William Dufty, Secaucus, New York 1965

[20] Price, Weston A.: Nutrition and Physical Degeneration: A Comparison of Primitive and Modern Diets and Their Effects, Santa Monica, Calif. 1945, 1970

[21] Im Kap. 8 werden Symbole in Gemälden näher besprochen.

[22] Stärken Sie Ihren Thymus, wenn er schwach ist.

[23] In der Behavioralen Kinesiologie wird die Richtung, die sich mit den Effekten von visuellen Bildern, besonders Gemälden, befaßt, Psychoästhetik genannt.

[24] Die Musik ist solch ein spezieller Aspekt unserer physischen Umgebung, daß ich ihr und ihrem Gegenteil, dem Krach, ein eigenes Kapitel gewidmet habe.

[25] Clynes, Manfred: Sentics: The Touch of Emotions, Garden City, New York 1977, S. 78

[26] Mit subtilen BK-Testmethoden kann man feststellen, ob sich ein Dirigent oder Solist im Takt befindet, und man kann sogar sagen, wann er während der Aufführung aus dem Takt gekommen ist.

[27] Hall, Manly P.: The Pythagorean Theory of Music and Colar, in: An Encyclopedic Outline of Masonic, Hermetic, Kabbalistic and Rosicrucian Symbolical Philosophy, 20. Aufl. Los Angeles 1975, S. 82

[28] Dies gehört in der Behavioralen Kinesiologie zum Bio-Harmonik-Programm.

[29] Dieser Takt kennzeichnet jedoch nicht jede Art von Rock-Musik, die schwächend wirkt.

[30] Palmer, Robert: When Is It Rock and When Rock 'n' Roll? A Critic Ventures an Answer, in: The New York Times, Sonntag, 6. August 1978, S. 14

[31] Natürlich sind viele andere Punkte hinsichtlich der allgemeinen Bedingungen in einer Fabrik oder an jeder anderen Arbeitsstelle zu berücksichtigen. Ich habe viele Arbeitsbedingungen untersucht und festgestellt, daß nur wenige so leicht und mit solch unmittelbarer und bemerkenswerter Wirkung verändert werden können wie die hier beschriebene.

[32] Dieser A-bewertete Schallpegel ist kritisch (der A-Filter dient bei Schallpegelmessern zur Frequenzbewertung). Bedenken Sie dabei, daß 4 000 000 Arbeiter in Amerika ständigen Geräuschpegeln von 85 Dezibel und mehr ausgesetzt sind.

[33] Manchmal ergibt ein Test, daß eine Person, die sich im Zustand des „Switching" befindet, bei raffiniertem Zucker stark und bei rohem, ungefiltertem, nicht erhitztem Honig schwach testet. Es fällt schwer, dieses paradoxe Ergebnis zu erklären. Wenn das „Switching" besonders stark ist (es ist oft bei Jugendlichen, die stundenlang Rock-Musik gehört haben, der Fall), scheint es, als ob irgendeine innere Moral im Körper so verdreht worden ist, daß er das „Schlechte" willkommen heißt und das „Gute" zurückweist.

[34] Jaynes, Julian: The Origin of Consciousness in the Bicameral Mind, Boston 1976, S. 257

[35] Onians, Richard B.: The Origins of European Thought, New York 1973, S. 50

Index

Das INSTITUT FÜR ANGEWANDTE KINESIOLOGIE FREIBURG veranstaltet laufend Kurse in *Edu-Kinestetik, Touch For Health (Gesund durch Berühren), Natürlich besser sehen* und in den verschiedenen Bereichen der Angewandten Kinesiologie. Durch engen Kontakt mit den Pionieren der Methode in den USA ist das Institut in der Lage, ständig die neuesten Entwicklungen auf dem Gebiet der Angewandten Kinesiologie zu präsentieren.

Außerdem fördert das Institut die Verbreitung der Angewandten Kinesiologie im deutschsprachigen Raum durch Literaturempfehlungen und Adressenvermittlung. Wer an der Arbeit des Instituts interessiert ist, kann kostenlose Unterlagen anfordern bei:

INSTITUT FÜR ANGEWANDTE KINESIOLOGIE FREIBURG
Zasiusstraße 67
D-7800 Freiburg
Telefon 07 61-7 27 29, Telefax 07 61-70 63 84

Dr. John Diamond:

Die heilende Kraft der Emotionen

John Diamond, der international bekannte Psychiater, zeigt Ihnen, wie Sie Ihre Lebensenergie hoch halten können. Er beschreibt die Basis positiver und negativer Zustände, die auf die Lebensenergie einwirken. Negative emotionale Zustände (Haß, Ärger, Neid ...) reduzieren die Lebensenergie. Positive emotionale Zustände (Liebe, Vertrauen, Mut ...) heben das Energieniveau an, helfen Ihnen, mit den geistigen und psychischen Streßfaktoren des Lebens fertig zu werden, und steigern Ihre Kreativität und Produktivität. Sie lernen hier, mit Hilfe eines einfachen Muskeltests den Zustand Ihrer Lebensenergie einzuschätzen, störende psychische Faktoren zu bestimmen und diese dann durch positive Emotionen zu ersetzen.

5. Auflage, 276 Seiten, 38 Fotos und Illustrationen, gebunden, 35,– DM/sFr., ISBN 3-924077-02-9

Dr. John Diamond:

Lebensenergie in der Musik, Band 2: Wie im Leben, so in der Musik

Die Beziehungen zwischen Musik und Gesundheit sind seit langem ein Forschungsschwerpunkt von John Diamond. Seit rund 30 Jahren arbeitet er mit Musikern. Anhand zahlreicher Fallbeispiele schildert er in diesem Buch die Wirkungen der Musik auf die Musiker – und die Auswirkungen ihrer jeweiligen physischen und psychischen Verfassung auf ihre Musik. Er zeigt Musikern Wege auf, Streß abzubauen und ihre Leistungsfähigkeit zu steigern. Im Schlußkapitel faßt er seine Erfahrungen zusammen: in vier Kriterien, die den „idealen Musiker“ ausmachen.

205 Seiten, Paperback,
24,– DM/sFr.,
ISBN 3-924077-08-8

Dr. Clint Van Nagel/Dr. Robert Siudzinski/ Edward J. Reese/MaryAnn Reese:

Megateaching. Neurolinguistisches Programmieren in Unterricht und Erziehung

Megateaching öffnet neue Horizonte für die Erziehung: Die Autoren beschreiben NLP als ganzheitliches, kybernetisches Modell menschlichen Erlebens und Verhaltens. NLP umfaßt Methoden, mit denen innere Zustände und Prozesse auf *situationsgerechte* Weise aktiviert und rebalanciert werden:

- durch Integrieren bisher abgetrennter Erfahrungen und Persönlichkeitsanteile,
- über aktive Imagination, Reorganisation der Wahrnehmung und einen besonderen Sprachgebrauch,
- durch positive Problembewertung, Umdeuten und Rückführungsmethoden.

193 Seiten, 10 Illustrationen, gebunden, 34,– DM/sFr., ISBN 3-924077-10-X

Dr. John Diamond:

Re-mothering. Das Wiedererleben der Mutterliebe

Der Ablauf der Geburt prägt die Beziehung des Kindes zur Mutter und zur Welt für das ganze Leben.
Die Geburt unterbricht die in der Schwangerschaft gewachsene Bindung des Kindes an die Mutter. Unter herkömmlichen Bedingungen erlebt das Kind diesen Vorgang als Trauma. Legt man es aber gleich nach der Geburt auf den Bauch der Mutter, wird die Liebe zur Mutter wiederhergestellt. John Diamond schildert eine Reihe einfacher Tests, die herauszufinden erlauben, ob die Liebe zur Mutter – Grundvoraussetzung jeder anderen Liebe – vorhanden ist. Darüber hinaus zeigt er Wege zur Korrektur: wie man die Geburt nachträglich neu erleben und die Mutterliebe wiedergewinnen kann.

121 Seiten, Paperback, 22,80 DM/sFr.,
ISBN 3-924077-13-4

Dr. John Diamond:

Leben als Cantillation. Analyse der Lebensenergie als Befreiung zur Liebe

In diesem Buch beschreibt John Diamond die spirituelle Zielperspektive seiner Arbeit:
„Meine gegenwärtige Arbeit besteht darin, mich für die *Cantillation* einzusetzen. *Cantillation* ist der Zustand des Gesegnetseins, des Einsseins, der Freude. Es gibt für jeden Menschen eine kreative Betätigung, die leichter als alle anderen diesen Zustand hervorruft. Wir nennen sie Cantillieren. Sie ist sein Dankes- und Liebeslied, sein Psalm, sein Weg ... Unser Streben ist, dieses Cantillieren zu vervollkommnen und in unseren gesamten Alltag zu übertragen, so daß unser Leben selbst zum Liebeslied wird."

106 Seiten, Paperback, 22,80 DM/sFr.,
ISBN 3-924077-19-3

Dr. John Diamond:

Das Herz der Musik

Mit dieser Aufsatzsammlung legt John Diamond – nach *Lebensenergie in der Musik* (Bd. 1 und 2) – eine Vielzahl neuer Beobachtungen, Gedanken und Forschungsergebnisse zum Zusammenhang von Musik und Gesundheit vor. Einige Themenbeispiele:

- Der Urquell der Musik
- Musik-Kriterien
- Die wahre Aufgabe des Musikers
- Furtwänglers Erbe
- Die erneuernde Kraft der Musik
- Musik als Gebet

249 Seiten, Paperback,
29,80 DM/sFr.,
ISBN 3-924077-18-5

Dr. Roger J. Callahan:

Leben ohne Phobie

Phobien und Ängste beherrschen das Leben vieler Menschen. Dieses Buch ist ein Meilenstein auf dem Weg ihrer erfolgreichen Behandlung.

Roger Callahan berichtet, wie er in 85 Prozent aller Fälle seine Patienten von ihren Ängsten befreien konnte – augenblicklich, schmerzlos und auf natürliche Weise: mit Hilfe der Muskeltests der Angewandten Kinesiologie und mit einer von ihm selbst entwickelten Klopftechnik. Sie können diese Methode sofort bei sich oder bei anderen anwenden.

Ein Buch für Therapeuten und für alle, die sich selbst helfen wollen.

2. Auflage, 209 Seiten, 37 Illustrationen,
Paperback, 28,– DM/sFr.,
ISBN 3-924077-07-X

Dr. Janet Goodrich:

Natürlich besser sehen

Janet Goodrich, die bekannte amerikanische Augentherapeutin, hat in den letzten 20 Jahren Tausenden von Menschen zu besserem Sehen und oft zum Abschied von der Brille verholfen. In diesem Buch lädt sie ein zu einer Reise, auf der Sie erleben, wie Sehen zustande kommt und wie Sie alle seine Funktionen erneuern können. *Natürlich besser sehen* ist eine unterhaltsame „Schule des Sehens“ für alle, die Schwierigkeiten mit den Augen haben: für Kurz- und Weitsichtige, für Schielende, Brillen- und Kontaktlinsenträger, für Kinder und für ältere Menschen, die vielleicht Angst vor „Altersstarrsicht“ und „Altersstarrsinn“ haben. Darüber hinaus ein Buch für jeden, der mehr sehen will vom Leben und von der Welt.

3. Auflage, 268 Seiten (18 × 24,5 cm),
220 Illustrationen und 4 Farbtafeln,
Paperback, 34,80 DM/sFr.,
ISBN 3-924077-05-3

Dr. Jimmy Scott/Kathleen Goss:

Allergie und der Weg, sich in wenigen Minuten davon zu befreien

Dieses Buch beschreibt eine neue Selbsthilfemethode, die Ihre eigene Körperenergie nutzt, um Sie von Allergien zu befreien. Gleichzeitig können Sie die Verträglichkeit bestimmter Nahrungsmittel und anderer Substanzen erhöhen. Jimmy Scott berichtet, wie er in langjähriger Erprobung circa 90 Prozent seiner Patienten mit seiner Allergieklopftechnik heilen konnte. Diese Methode kombiniert Muskeltests und das Klopfen bestimmter Akupunkturpunkte. Mit Hilfe von Ersatzpersonen können auch Kleinkinder, schwerkranke oder gebrechliche Menschen von Allergien befreit werden. – Besonders anwenderfreundlich ist der Anhang mit einer Nahrungsmittel-Checkliste für das Aufdecken von Allergien.

232 Seiten, 47 Illustrationen, Paperback,
34,– DM/sFr., ISBN 3-924077-11-8